Volume 2

Além da LOUSA

Fundamentos para uma educação transformadora

EDITORA
CHAVE MESTRA®

EDITORA
CHAVE MESTRA®

Av. Marcos Penteado de Ulhôa Rodrigues, 1119 – Tamboré, Alphaville - SP,
Ed. Office Shopping Tamboré – Andar 21 – Sala Chave Mestra
CEP: 06460-040
@editorachavemestra
editora@editorachavemestra.com.br
Acesse: www.editorachavemestra.com.br

Título original em português:
Além da lousa 2: fundamentos para uma educação transformadora

Direção editorial: Raquel Medeiros
Coordenadora editorial: Bartira Costa Neves
Assistente editorial: Eloiza Andrade e Amanda Oliveira
Revisão: Tony R. de M. Rodrigues
Diagramação: Weslei Eugênio
Branding de capa: Izzo Medeiros
Projeto gráfico: Weslei Eugênio

O conteúdo desta obra é de total responsabilidade dos autores e não reflete necessariamente a opinião da editora.

Dados Internacionais de Catalogação na Publicação (CIP)

Vale, Rogério (Organizador)
V149 Além da Lousa 2: fundamentos para uma educação transformadora / Rogério Vale (org.) – Barueri, SP: Chave Mestra Editora, 2024. 184 p.: 16 x 23 cm

ISBN 978-65-5496-003-8

1. Educação. 2. Professor. 3. Desenvolvimento pessoal. 4. Empreendedorismo. 5. Profissionalização. 6. Desenvolvimento profissional. I. Título.

CDD 370

Além da LOUSA

SUMÁRIO

PREFÁCIO

É indiscutível o valor desta obra a todos os interessados na melhor educação para as crianças de hoje. *Além da lousa vol. 2: fundamentos para uma educação transformadora* traz, em muitas vozes, reflexões àqueles que buscam por uma melhor educação, que desperte sonhos, que cultive a solidariedade, a esperança e a vontade de aprender, ensinar e transformar no mundo atual.

Os avanços na Pedagogia, na Neurociência, nas metodologias ativas participativas e nas novas tecnologias obrigam-nos a repensar a forma de ensinar e de aprender. A educação transformadora provoca-nos a repensar: que modelo de pessoa pretendemos formar?

Os autores baseiam-se na premissa de como fazer a escola que mova ações para a superação dos desafios da sociedade do século XXI, escola que precisa ofertar contextos para a formação de mentes criativas e inovadoras, com espírito crítico e um pensamento aberto, que ajuda na adaptação e na evolução da sociedade em transformação e mudança contínua.

O trabalho que o leitor tem em mãos é apenas o começo. A obra nos leva ao diálogo frente às nossas próprias concepções e ações educativas, que nos conduzem à verdadeira eficiência na e da escola. Este livro é uma contribuição para enfrentar os desafios que a educação propõe hoje, pois ela é a grande ferramenta para atingir os objetivos de uma sociedade cada vez mais justa, solidária, igualitária, inclusiva, livre e democrática.

Vale registrar, enfim, um agradecimento ao convite que me dirigiu a prefaciar esta obra, especialmente pela intenção implícita de diálogo interdisciplinar com reflexões de profissionais da área da educação, professores e pesquisadores que apresentam projetos, experiências e propostas inovadoras, novas estratégias e ferramentas de ensino, visando melhorar práticas educativas, formação de professores e qualidade do ensino e da aprendizagem, tudo para avançar em direção a uma educação transformadora.

Prof.ª Dr.ª Andréa Patapoff Dal Coleto

Além da LOUSA

ALESSANDRA ARTICO

Sou Alessandra Artico, tenho 49 anos, sou mãe de 3 filhos lindos: Vini, Amandinha e Nick. Sou natural de São Paulo/SP, resido em Indaiatuba/SP.

Sou professora de Inglês, pedagoga, orientadora parental e consteladora sistêmica.

Lecionei por mais de 10 anos como especialista em Inglês, em todos os seguimentos escolares e adultos.

Atuo com jovens e adolescentes em busca do primeiro trabalho e com grupos com foco em fortalecer vínculos sociais e familiares.

Após a morte do meu marido, busquei no estudo profissional e espiritual o meu crescimento, criando meus filhos e evoluindo como pessoa. Com o tempo a vontade de ajudar crianças e famílias aumentou, e essa é minha missão, por meio do meu conhecimento ajudar o maior número de famílias.

aleartico.terapeuta

+55 (19) 98700-8578

Além da LOUSA

1

EDUCAÇÃO BILÍNGUE: NECESSIDADE OU OPORTUNIDADE

ALESSANDRA ARTICO

Há 35 anos, se falássemos sobre educação bilíngue, a maioria não saberia explicar o que é isso. Até a década de 1990 só quem tinha uma boa situação financeira estudava uma segunda língua, como Inglês, ou quem trabalhava em multinacional e visava ao crescimento profissional. Com a globalização mundial, temos em consequência a globalização cultural, e com isso o aumento da procura em estudar e se comunicar com outras culturas que não falam nossa língua. Nos dias atuais temos muitas escolas bilíngues e escolas particulares aumentando o número de aulas em Inglês na semana, enfim, investindo nessa competência, para assim ajudar o jovem a ampliar suas perspectivas e oportunidades no mundo afora.

Na minha adolescência, estudar uma segunda língua não era um assunto falado e nem incentivado. Estudei em escola pública do 3º ano até finalizar o Ensino Médio, nesse meio tempo nunca gostei de Inglês, mas quando ingressei no mercado de trabalho vi a necessidade de estudar Inglês, e quando tinha uns 20 anos fiz um ano e meio de curso. Quando tinha 24 anos surgiu a oportunidade de me mudar para os Estados Unidos, casei-me e fui, com a cara e coragem, e com 0,01% de fluência em Inglês. Foi uma fase bem difícil para se comunicar, arrumar trabalho, para se estabelecer em um país totalmente diferente, longe da família.

Depois de um ano, comecei a estudar inglês, em uma faculdade local, *(English as a Second Language)*, esse curso de Inglês é para pessoas não nativas em língua inglesa. A partir disso, minha comunicação melhorou, arrumei outros trabalhos. Nesse meio tempo engravidei, tive meu primeiro filho, e fui praticando o Inglês e perdendo o medo em me comunicar, morei por lá quase sete anos. Muitos brasileiros moram nos Estados Unidos por mais de 10 anos e não aprendem a falar Inglês, o motivo é a vergonha, eles têm vergonha em falar errado, trocar palavras, não conseguem estruturar uma frase. Eis a questão, mas quanto mais se fala, pratica a pronúncia, menos erros se cometerá no futuro, então, é praticar, praticar e praticar.

Quando voltei para o Brasil, após alguns anos me tornei professora de Inglês, cursei Pedagogia, lecionei em escolas particulares e escolas de idiomas, passando por todos os segmentos, do Infantil ao Ensino Médio e adultos.

Depois de toda minha experiência morando em outro país, trago a importância da educação bilíngue e o estudo de línguas estrangeiras. Com a globalização as oportunidades em outros países aumentaram, a facilidade em viajar e conhecer outro país também. Falo muito da língua inglesa por ser a língua mundial, em reuniões de negócios, encontros internacionacionais, o Inglês é a língua usada. Hoje em dia, saber falar Inglês é uma necessidade e não um algo a mais.

Mas surgem várias dúvidas:

— Qual é a idade certa para começar a estudar Inglês?

— Coloco meu filho em uma escola bilíngue ou em um curso de Inglês?

Educação bilíngue x cursos de línguas estrangeiras

Primeiro vamos entender a diferença entre os dois.

Educação bilíngue:

— os alunos são expostos a conteúdos acadêmicos em duas línguas a partir do maternal (em torno de 2 anos);

— parte do princípio de que as línguas são usadas como ferramentas de instrução, não como disciplinas separadas;

— realizada em escolas em que parte do currículo é ministrado em uma língua e parte em outra (Português e Inglês) e pode ser total (todos os assuntos em ambas as línguas) ou parcial (apenas alguns assuntos em uma língua adicional);

— o desenvolvimento é integral, e com isso as habilidades cognitivas em ambas as línguas são desenvolvidas, além de promover a fluência;

— proporciona aos alunos uma imersão mais profunda na cultura associada à língua, desenvolvendo as habilidades linguísticas e compreensão intercultural.

Cursos de língua estrangeira:

— são destinados ao aprendizado de uma língua estrangeira específica;

— geralmente pode se iniciar o curso a partir dos sete anos, quando a criança já está alfabetizada, mas já existem algumas escolas que oferecem cursos para crianças com cinco e seis anos;

— têm por objetivo o desenvolvimento das habilidades linguísticas, como fala, audição, escrita e leitura, mas muitos cursos focam em uma abordagem comunicativa, desenvolvendo a capacidade de se comunicar eficazmente no idioma escolhido;

— são ministrados em escolas específicas em língua estrangeiras.

— muitas vezes, são versáteis e modulares, podem ser adaptadas às necessidades e à fluência do aluno;

— o aluno pode escolher em qual língua deseja aprender, independentemente de sua formação acadêmica.

Agora que entendemos a diferença entre os dois, fica mais fácil esclarecer algumas dúvidas que chegam a mim com frequência.

— Qual é a idade para fazer Inglês?

Em curso de Inglês eu recomendo a partir dos sete anos, nessa idade a criança já está alfabetizada (conhece as letras, sabe escrever o nome, já sabe ou está em processo de ler). Existem escolas de idiomas que já atuam com crianças menores, a partir dos quatro anos de idade. É uma opção e o importante é saber qual método é usado, como será trabalhado conteúdo com a criança. Quanto mais cedo o contato com outra língua melhor o processo de aprendizagem.

Em uma escola bilíngue, pode ser a qualquer idade, quanto mais cedo melhor. Levando em consideração que, quanto mais velha for a criança e/ou adolescente e esse não tiver noção da língua inglesa, a adaptação será um pouco mais longa e o acompanhamento precisará ser mais de perto para que essa criança se adapte da melhor maneira possível ao novo conceito educacional.

— Coloco meu filho em uma escola bilíngue ou em curso de Inglês?

Essa é uma questão que depende muito do contexto familiar financeiro, idade da criança, e para que aprender outra língua. Em uma visão ideal, colocar o filho em uma escola bilíngue seria a melhor decisão para o aprendizado e fluência total da criança, pois seu desenvolvimento, confiança e naturalidade com a língua se tornam normais, como se a segunda língua fosse a primeira.

Já a opção de estudar em um curso de línguas também é ótima. Tem muitas opções de cursos e com metodologias diferentes. Nos cursos-padrões, usam-se livros e o foco é juntar as quatro habilidades e desenvolver (ler, falar, escrever e ouvir), conforme o grau de fluência no inglês os conteúdos são divididos em fases (Básico – Intermediário – Avançado), ficando mais complexo conforme o aluno passa de fase.

Vamos falar um pouco sobre os benefícios de se estudar em uma escola bilíngue:

— o aprendizado de dois idiomas pode ter efeitos positivos no desenvolvimento cognitivo, desenvolvendo habilidades como resolução de problemas, pensamento crítico e tomada de decisões;

— melhora a metacognição, uma compreensão mais profunda de como aprendem e processam informações;

— maior habilidade na comunicação, melhora da autoestima, melhora do desempenho acadêmico;

— adaptabilidade cultural, o aluno tem acesso a diferentes culturas, promovendo uma maior compreensão e aceitação da diversidade;

— preparação para o mundo globalizado, oportunidades internacionais, uma vez que a pessoa tem a capacidade de se comunicar em mais de um idioma, torna-se uma habilidade importante para interações interculturais e negócios.

A educação bilíngue abriu oportunidades no meio educacional incentivando pedagogos a aprenderem Inglês e os professores de Inglês a se tornarem pedagogos, pois houve um aumento de escolas bilíngues nas grandes cidades e não havia profissional capacitado para lecionar.

Entendemos e sabemos a importância da segunda língua na vida do jovem que deseja ser bem-sucedido no mundo do trabalho, e que ela traz diversas oportunidades e possibilidades para o futuro. Mas trago aqui algumas observações para você, pai, mãe, educador levar em consideração.

— Quando não gostamos de algo, o aprendizado torna-se difícil e pesado.

Eu sempre falo que se o aluno não gosta de Inglês, fica mais difícil de entender e aprender, muitas vezes a pessoa faz anos de Inglês e não internaliza o que aprendeu ou desiste no meio do caminho.

— preste atenção nas dificuldades da criança. Em escola bilíngue, observar como está o desenvolvimento nas duas línguas, se precisar intervir, que seja feito para que o resultado seja satisfatório.

— observe se a criança vai para o curso de Inglês animada. Converse com a Criança, pergunte o que foi mais legal ou interessante que ela aprendeu na aula. Isso faz com que ela se anime sempre a contar coisas que aprendeu em Inglês, ainda mais se você como pai/mãe estiver em posição de aprender.

— o acompanhamento de perto na vida escolar do seu filho é fundamental, cria confiança entre vocês, você consegue perceber quando seu filho não está bem e onde pode ajudar.

— preste atenção em quantas atividades diárias e semanais seu filho está fazendo, ele consegue fazer tudo? Como ele se sente ao final do dia?

Cansado, triste, feliz? A rotina puxada para uma criança a leva ao estresse mental ou físico e com isso vêm síndromes, traumas e doenças que podem ser evitadas. Muitas vezes nós, pais, criamos expectativas em nossos filhos, queremos dar para eles tudo o que não tivemos, mas precisamos lembrar que cada pessoa é um ser único, com suas ideias, vontades, habilidades.

Respeitar as condições de cada indivíduo, principalmente do nosso filho, é muito importante, então identificar o que realmente deixa seu filho feliz e incentivá-lo a fazer o que gosta gera bons resultados.

A criança é como uma caixa vazia infinita, que espera, mesmo sem saber ao certo, que se depositem nela saquinhos de conhecimento, amor, felicidade e cuidados. Cabe a nós, pais e educadores, suprir essas necessidades delas. Realmente, o que importa é incentivar as crianças a estudarem a segunda língua, tanto na escola bilíngue ou curso convencional, as oportunidades aparecerão, e estar preparado para o momento fará a grande diferença.

Nunca pare de buscar o conhecimento, estudar, trocar.

Eu mesma não paro, pois conhecimento ninguém tira de você.

Gratidão à minha mãe Bernardete, ao Mau *(in memoriam)* e aos meus filhos, Vini, Amandinha e Nick.

A CRIANÇA É COMO UMA CAIXA VAZIA INFINITA, QUE ESPERA, MESMO SEM SABER AO CERTO, QUE SE DEPOSITEM NELA SAQUINHOS DE CONHECIMENTO, AMOR, FELICIDADE E CUIDADOS.

ALESSANDRA ARTICO

ALINE TEIXEIRA

Sou Aline Teixeira, natural de Caratinga/MG, resido em Ubaporanga/MG, onde moro sozinha.

Professora, apaixonada pela Educação Infantil, graduada em Pedagogia e Educação Especial, pós-graduada em Educação Infantil e Gestão do Trabalho Pedagógico e atualmente catequista.

Encantada pelo teatro, de que participo com o grupo Luzes e CIA, sigo aprendendo sobre a arte de contar histórias. Amo viajar, conhecer culturas diferentes e as belezas da natureza.

Gosto de tudo relacionado a crianças, procurando sempre inovar na sala de aula por meio do lúdico.

Acredito que a educação pode transformar o futuro com professores que amem o conhecimento, uma escola acolhedora e famílias dispostas a educar com princípios e valores, uma parceria de sucesso.

educacaoinfantil.poramor

aline.domiciano2012@hotmail.com

Além da LOUSA

2

EDUCAÇÃO PARA A AUTONOMIA INFANTIL

POR ALINE TEIXEIRA

Quando eu era criança, já sonhava em ser professora, com 10 anos já ensinava minha irmã mais nova, minha brincadeira favorita era escolinha, quando pude estudar, optei pelo ensino a distância, pois precisava trabalhar, e nessa época cuidava de uma senhora de idade durante o dia e a noite, com quem muito aprendi. Minha primeira experiência escolar foi em uma turma de quarto ano, confesso que não é meu perfil, levando em conta que foi minha primeira oportunidade, na área da educação, depois fui auxiliar de uma criança autista, foi uma experiência incrível, aprendi muito com a professora da turma e descobri minha primeira paixão, a educação especial, sobre a qual fiz minha segunda graduação, mas tinha um sonho de passar no concurso público, então no ano seguinte realizei esse sonho, foi aí que descobri meu grande amor, a **Educação Infantil**.

Confesso que sou realizada na minha profissão, desafios existem, mas quando existe amor pela profissão, tudo fica mais leve, trabalho em uma creche com maternal de três anos, amo ensinar crianças pequenas, criar atividades e brincadeiras lúdicas, encantar com histórias, sentir e imaginar por meio da música, as crianças precisam explorar movimentos, texturas, o mundo à sua volta, interagir em grupo, conviver fora do ambiente familiar, expressar seus desejos e emoções, construindo sua identidade. Criança pequena aprende brincando.

Trabalho com a fase mais importante da vida da criança, a Educação Infantil. É o existir fora de casa, o que envolve lidar com as diferenças, é um ambiente novo e com pessoas fora do seu convívio, nesse início trabalhamos com as crianças e as famílias a fase de adaptação na escola, é preciso acolher com muito carinho e passar segurança para os pais, precisa ser um ambiente acolhedor, alegre e colorido, crianças pequenas aprendem muito pelo visual, a escola precisa ser bonita, ter brinquedos, desenhos, livros, espaço e uma sala convidativa, com recursos de aprendizagem, uma porta enfeitada com as boas-vindas, um painel bonito, que pode ser confeccionado pelos alunos, o alfabeto, os números, as vogais, recursos para facilitar a convivência em grupo, como os combinados da turma, desenvolver uma rotina com as crianças, lembrando que tudo precisa ser em desenho, de forma que a criança entenda melhor o que foi falado pela professora, a chamadinha, com a foto individual das crianças da turma, o calendário, trabalhar os dias da semana usando cores, levar a criança a pensar em como está o tempo, quantos colegas vieram e quantos faltaram, se veio mais meninas ou meninos, e incentivar as crianças a ajudarem durante a aula, o ajudante do dia fica responsável por ajudar o professor, mas no geral todas as crianças devem ajudar com tarefas simples, como guardar os brinquedos, jogos, cuidar do material da escola e o seu material, e pensando na autonomia da criança, deixar que ela realize pequenas tarefas sozinha, como comer, ir ao banheiro, beber água, guardar sua merenda, respeitando a faixa etária de cada criança.

Todo professor é exemplo para o seu aluno, então precisamos ensinar e viver o que ensinamos, por exemplo: as "palavrinhas mágicas", sempre que necessário, use-as, receba as crianças com um bom-dia ou boa-tarde alegre, use as palavras por favor, obrigada, desculpe, com licença, não grite na sala de aula, seja atento às necessidades das crianças, na Educação Infantil o cuidar e o educar andam sempre juntos, então crie uma rotina tranquila, com músicas, histórias, brincadeiras, jogos, deixe a criança criar, imaginar e fazer do seu jeito, explorando vários materiais, deixe um espaço na sala de aula para colar esses desenhos, é importante que a criança veja o que ela fez e o trabalho dos colegas também, proponha trabalhos e brincadeiras em grupo, a fim de incentivar a socialização.

Por que a autonomia deve ser incentivada na Educação Infantil?

É importante desenvolver sua identidade, autoconfiança, sua independência e o desenvolvimento cognitivo, assim a criança começa a entender que suas escolhas influenciam os resultados, para isso o professor precisa alimentar na criança o sentimento de que ela é capaz de resolver problemas e superar desafios.

Outra questão importante é criar a autonomia em casa com as crianças, qualquer criança pode ser estimulada a ajudar, aos bebês já podem ser inseridos desafios, como segurar um objeto sentado, podemos incentivar os primeiros passos, a partir dos dois, três anos a criança já pode realizar pequenas tarefas dentro de casa, como guardar os brinquedos, colocar a roupa suja no cesto, começar a tirar suas roupas sozinha, dessa forma a criança aprende de pequena que os afazeres da casa são de responsabilidade de todos que moram ali, e essas pequenas tarefas vão sendo inseridas de acordo com cada idade da criança, uma dica é a "tabela Montessori", desenvolvida pela pedagoga Maria Montessori, que pregava a importância de educar os filhos usando a lógica, bom senso e calma, descubra quais tarefas seu filho pode fazer sozinho e em qual idade, essas pequenas atividades irão ajudar as crianças a desenvolverem diversas habilidades, fazendo-as se sentirem úteis e importantes.

Autonomia é a capacidade da criança de tomar decisões sozinhas e realizar pequenas tarefas de acordo com sua idade, respeitando seus limites e capacidades, essa autonomia, precisa ser feita de forma contínua, com a orientação de um adulto.

Essas tarefas devem ser inseridas criando-se uma rotina, não deve ser nada forçado, a criança precisa criar gosto por ajudar e se sentir parte da família. Infelizmente, acontece de muitas famílias delegarem a autonomia da criança, sempre fazendo tudo por ela, achando que é o melhor para o filho, não sabendo que as crianças se tornarão dependentes, muitas vezes não terão opinião própria e não saberão lidar com suas emoções; muitas crianças não conhecem a palavra "não", têm tudo que quer na hora que quer, o que acaba interferindo no seu desenvolvimento escolar.

A superproteção dos pais não vai ajudar na educação dos filhos, uma criança mimada e sem limites passa a querer mandar nos pais e a querer tudo do seu jeito, prejudicando sua vida escolar, não vai respeitar os colegas e o professor. Uma pesquisa da Universidade de Warwick, nos Estados Unidos, aponta que o comportamento dos pais tem influência direta na atitude dos filhos, dados coletados por 70 estudos diferentes, envolvendo mais de 200 mil crianças, mostram que a forma como os pais conduzem a educação pode aumentar as chances de a criança sofrer e também praticar *bullying*. "Tal constatação deixa claro que o *bullying* não é um problema apenas das escolas. Os pais têm um papel muito importante nessa questão e devem ser alertados e encorajados a adotarem práticas positivas na condução do ambiente familiar", afirma Lídia Weber (Superproteção..., [202-]).

Outra questão importante é o uso prolongado de telas, sabemos o quanto essa era da tecnologia traz praticidade ao nosso dia a dia, mas é importante lembrar que essa exposição exagerada pode fazer muito mal para o desenvolvimento das crianças, pode interferir na linguagem da criança e as habilidades sociais, o uso de telas em casa deve ser supervisionado pelos pais, de acordo com a Organização Mundial da Saúde (OMS), é recomendado que crianças de até 2 anos de idade não tenham qualquer contato com nenhum tipo de tela, dos 2 aos 8 anos o uso de telas está liberado no máximo uma hora por dia, e apesar de ser bastante comum crianças com celulares nas mãos, o uso desse aparelho só é indicado após os 8 anos de idade.

A rotina da criança em casa reflete na sua personalidade, crianças que não são estimuladas a ajudar e participar das tarefas de casa levam mais tempo a desenvolver a colaboração e socialização em grupo, coisas simples como sujou, vamos limpar, brincou, vamos guardar, dividir, compartilhar, pode ser um desafio no ambiente escolar. O professor deve trabalhar esses conceitos de maneira lúdica e criativa.

Sempre recebo vários relatos positivos de como a Educação Infantil tem transformado atitudes das crianças em casa, o cuidado com o próprio corpo, com a natureza, a vontade de ajudar em casa, o respeito e boas maneiras. Crianças autônomas tornam-se pessoas mais confiantes, sabem lidar com pequenas frustrações e as consequências de suas escolhas, desenvolvem o cognitivo e habilidades sociais, o que leva a criança a pensar antes de tomar uma decisão, a falta de estímulo pode criar insegurança, fazendo-a deixar muitas vezes de usar o raciocínio mesmo em situações simples.

Cuidar e educar com sabedoria é o caminho para uma educação de qualidade. Precisamos fazer a diferença na vida de uma criança. É fantástico ver a evolução das crianças nessa fase infantil, como professora fico fascinada como eles amadurecem e se desenvolvem desde o início do ano letivo até o final, é muito gratificante plantar uma sementinha e ver todo o processo de crescimento, sou apaixonada pelo universo infantil, tenho aprendido muito com minha profissão, acredito muito na parceria entre escola e famílias, os alunos aprendem melhor quando os pais se interessam pelo que seus filhos vivem no ambiente escolar, quando os pais procuram a escola, os filhos se sentem amados e apoiados, a família que adota medidas complementares em casa promove o melhor desempenho do aluno, as crianças aprendem melhor com estímulos vindos da família, independentemente da classe social dos pais, essa parceria é o sucesso da escola, e juntos podemos trabalhar nessa primeira fase da educação a autonomia da criança, um dando continuidade ao trabalho do outro, como por exemplo, a adaptação, o desfralde, a alimentação, entre outros.

Vale a pena tentar ser uma boa mãe, um bom pai, uma boa professora ou um bom professor, não há nada mais belo que o amor e a inocência de uma criança, acompanhar e fazer parte do seu crescimento, desenvolvimento e aprendizagem. Existirão dias difíceis, dificuldades no caminho, mas você foi escolhido(a) para fazer a diferença na vida de uma criança, faça seu trabalho com amor.

(Referências bibliográficas ao final do livro.)

CUIDAR E EDUCAR COM SABEDORIA É O CAMINHO PARA UMA EDUCAÇÃO DE QUALIDADE. PRECISAMOS FAZER A DIFERENÇA NA VIDA DE UMA CRIANÇA.

ALINE TEIXEIRA

ANDRESSA MARCHIOTI

Nascida no Rio de Janeiro, tenho 27 anos e sou professora de Educação Infantil desde os meus 20 anos de idade.

Formada em Pedagogia e Neuropsicopedagogia, hoje atuo como designer de recursos pedagógicos digitais e sou a CEO do Alfaletrando Arquivos Digitais, uma das maiores lojas de *e-books* pedagógicos, atualmente vendendo 13 mil livros digitais por mês na loja virtual Alfaletrando.com.

Convido-lhe a entrar nessa jornada empreendedora! Acredite no seu potencial empreendedor para que, assim como eu, você possa transcender as fronteiras da sala de aula, utilizando as redes sociais para criar empreendimentos sustentáveis.

Unidos, temos o poder de inspirar e revolucionar o campo educacional.

alfaletrando

Professora Andressa Marchioti

alfaletrando

contatoalfaletrando@gmail.com

Além da LOUSA

3

EDUCAÇÃO EM EMPREENDEDORISMO: DA CLASSE AO DIGITAL

POR ANDRESSA MARCHIOTI

Na era da rápida evolução tecnológica e das mudanças constantes no mercado de trabalho, a educação empreendedora emerge como um pilar essencial para equipar os alunos com as habilidades necessárias para prosperar em um mundo cada vez mais complexo e competitivo. Ensinar empreendedorismo vai além de simplesmente transmitir conceitos de gestão de negócios; é sobre cultivar mentalidades criativas, resilientes e adaptáveis que capacitam os alunos a identificarem oportunidades, resolver problemas e inovar em qualquer contexto que enfrentem.

No entanto, muitas vezes, nós, educadores, somos deixados de fora dessa equação. Embora possamos ser agentes poderosos de mudança e inspiração dentro da sala de aula, nós também temos potencial para explorar oportunidades empreendedoras que se alinham com nossas paixões e conhecimentos. Este capítulo busca preencher essa lacuna, fornecendo orientações práticas para professores que desejam empreender sem abrir mão de sua carreira na educação formal.

Ao reconhecer o potencial dos educadores como empreendedores, não apenas nos capacitamos como profissionais a alcançar novos patamares em nossas carreiras, mas também promovemos uma abordagem mais holística e integrada à educação empreendedora. Utilizando as redes sociais como uma ferramenta poderosa de divulgação e conexão, os professores podem não apenas expandir sua influência e alcance, mas também criar comunidades de aprendizado online vibrantes e engajadas, ampliando seu impacto além dos limites físicos da sala de aula.

Este capítulo tem como objetivo não apenas inspirar, mas capacitar os educadores a abraçarem seu potencial empreendedor. Oferecemos estratégias acionáveis e *insights* valiosos sobre como construir e promover seus negócios pessoais, ao mesmo tempo em que continuam a nutrir mentes jovens e moldar o futuro da sociedade. Ao destacar o poder das redes sociais como uma ferramenta essencial nessa jornada, buscamos capacitar os professores a transformarem suas paixões em empreendimentos sustentáveis.

Nos últimos anos, um pouco depois da pandemia em 2020, as redes sociais emergiram como um poderoso instrumento para promover a educação empreendedora entre os professores. As plataformas *on-line* tornaram-se um portfólio para que muitos professores mostrassem seus projetos e aulas para atrair outros educadores, formando assim uma comunidade. Ao aproveitar essas plataformas, os educadores também podem alcançar um público mais amplo e diversificado, compartilhando seus conhecimentos, experiências e recursos de forma acessível e envolvente. Por meio de postagens regulares, vídeos instrutivos e interações diretas com os seguidores, os professores empreendedores podem estabelecer uma presença online sólida, construindo uma comunidade virtual de aprendizado colaborativo e inspirador.

Além disso, as redes sociais oferecem oportunidades únicas de *networking* e colaboração para os professores empreendedores. Ao conectar-se com outros educadores, mentores e profissionais do setor, eles podem trocar ideias, compartilhar melhores práticas e até mesmo encontrar parceiros para projetos conjuntos. Essas conexões não apenas enriquecem o conhecimento e as habilidades dos professores, mas também abrem portas para novas oportunidades de negócios e desenvolvimento profissional. Assim, ao utilizar as redes sociais a seu favor, os professores podem fortalecer sua presença como empreendedores e ampliar o impacto de seu trabalho na educação.

Ao identificar e aproveitar suas paixões e habilidades, os professores podem transformar sua expertise em oportunidades de negócio lucrativas, enquanto continuam a impactar positivamente a vida de seus alunos. Nesse contexto, é essencial seguir uma abordagem estruturada e estratégica para garantir o sucesso empreendedor. Os seguintes tópicos oferecem um roteiro prático para os educadores que desejam embarcar nessa jornada de empreendedorismo.

1. Identifique sua paixão e *expertise*.

Antes de mergulhar no mundo do empreendedorismo, é crucial que os educadores façam uma profunda reflexão sobre suas paixões e habilidades. Identificar áreas de conhecimento sólido e experiência não apenas permite encontrar oportunidades lucrativas, mas também alinha o empreendimento com o que realmente motiva e inspira o empreendedor. Integrar essas paixões ao trabalho como educador não só torna o empreendimento mais gratificante, mas também amplia seu impacto e relevância, ao conectar-se com um propósito maior.

2. Crie um plano de negócios simplificado.

Desenvolver um plano de negócios é como traçar um mapa para o sucesso. Definir objetivos claros e identificar o público-alvo são os primeiros passos. No entanto, é crucial ir além, desenvolvendo estratégias eficazes para alcançar esse público-alvo, especialmente por meio do uso inteligente das redes sociais. Além disso, estabelecer um cronograma realista e identificar os recursos necessários são elementos-chave para garantir a implementação bem-sucedida do plano de negócios, ajudando a manter o foco e a disciplina necessários para alcançar os objetivos estabelecidos.

3. Construa sua presença *on-line*.

No ambiente digital em constante expansão, uma presença *on-line* sólida é crucial para o sucesso empreendedor. Isso inclui não apenas criar perfis profissionais em plataformas relevantes, mas também desenvolver conteúdo de alta qualidade que ressoe com o público-alvo. Além disso, é essencial interagir ativamente com a comunidade *on-line*, participando de discussões, respondendo a perguntas e compartilhando *insights* valiosos. Utilizar recursos visuais atrativos, como vídeos e infográficos, pode ajudar a atrair um público mais amplo e engajado, aumentando a visibilidade e a credibilidade do educador empreendedor.

4. Colabore e faça *networking*.

A colaboração e o *networking* são elementos fundamentais para o crescimento e o desenvolvimento contínuo de qualquer empreendimento. Buscar oportunidades de colaboração com outros educadores e profissionais do mesmo nicho pode trazer novas perspectivas, *insights* e oportunidades de crescimento. Participar de eventos e conferências relacionadas à educação e empreendedorismo também pode expandir significativamente a rede de contatos, proporcionando oportunidades para parcerias promissoras e colaborações enriquecedoras.

5. Monetize seu conhecimento.

É importante explorar diversas formas de monetização do conhecimento e das habilidades como educador empreendedor. Isso pode incluir a realização de *workshops*, oferecimento de consultorias, criação e venda de materiais educativos, entre outras opções. Estabelecer preços justos e competitivos, levando em consideração o valor oferecido e as demandas do mercado, e utilizar plataformas de pagamento *on-line* seguras são passos essenciais para garantir o sucesso financeiro do empreendimento, assegurando uma fonte de receita consistente e sustentável.

6. Desenvolva resiliência.

No mundo do empreendedorismo *on-line*, a resiliência é uma qualidade essencial para enfrentar os desafios e superar as adversidades que surgem ao longo do caminho. É importante estar preparado para lidar com a incerteza, os altos e baixos do mercado e as eventuais falhas que podem ocorrer durante o processo de construção do negócio. Manter-se resiliente significa cultivar uma mentalidade positiva e adaptável, capaz de aprender com os fracassos e seguir em frente com determinação. Isso envolve não apenas aceitar os contratempos como parte do processo, mas também encontrar maneiras criativas de contornar os obstáculos. Resumindo, a resiliência é essencial para sobreviver e prosperar como empreendedor *on-line*. Ao cultivar uma mentalidade resiliente, os educadores empreendedores estarão mais bem equipados para enfrentar os altos e baixos do empreendedorismo.

Ao término deste capítulo, fica evidente que nós educadores estamos diante de um vasto e promissor campo de oportunidades no empreendedorismo, o qual pode ser explorado sem que isso comprometa nossa missão na sala de aula. A capacidade de identificar suas paixões e habilidades, desenvolver um plano de negócios sólido, estabelecer uma presença online envolvente, cultivar colaborações significativas, monetizar seu conhecimento e desenvolver sua resiliência são aspectos fundamentais dessa jornada empreendedora que se apresenta diante deles. Esses elementos podem ser comparados em forma de analogia com as camadas de uma cebola, pois, quando combinados, formam um negócio sólido e não apenas permitem aos educadores expandirem seus horizontes profissionais, mas também fortalecem seu impacto na educação e na sociedade como um todo.

É imprescindível que você reconheça o valor extraordinário que carrega dentro de si, além das paredes da sala de aula. Sua jornada como educador não apenas o dotou de conhecimentos e habilidades essenciais, mas também o posicionou como um catalisador de mudanças, dentro e fora do ambiente escolar. Com uma compreensão profunda das necessidades e desafios dos alunos, você está em uma posição privilegiada para criar soluções inovadoras que transcendem o ensino tradicional.

Chegou o momento de você abraçar integralmente seu potencial empreendedor. Ao integrar suas paixões, habilidades e experiências com as estratégias compartilhadas neste capítulo, você pode transformar seus sonhos em realidade. Não se trata apenas de expandir seu próprio impacto ou alcançar o sucesso financeiro; trata-se de deixar uma marca indelével, influenciando positivamente as vidas daqueles que você educa e orienta.

Portanto, encorajo-o(a) a dar o próximo passo em sua jornada empreendedora. Utilize as ferramentas e os *insights* fornecidos aqui para construir empreendimentos significativos que reflitam sua paixão pela educação. Ao fazê-lo, não apenas enriquecerá sua própria vida, mas também deixará um legado duradouro que moldará o futuro das próximas gerações de educadores e empreendedores. O mundo está esperando por sua voz e sua visão única - é hora de você brilhar.

> É IMPRESCINDÍVEL QUE VOCÊ RECONHEÇA O VALOR EXTRAORDINÁRIO QUE CARREGA DENTRO DE SI, ALÉM DAS PAREDES DA SALA DE AULA.
>
> ANDRESSA MARCHIOTI

DÉBORA ARAGÃO

Olá! Sou Débora, pedagoga especialista em Psicopedagogia, Educação Especial com ênfase em Deficiência Intelectual e Auditiva, Alfabetização e Letramento e Atendimento Educacional Especializado (AEE). Trabalho na área da Educação como professora na Educação Infantil e no Ensino Fundamental I há 17 anos. Em nove deles atuo como professora na Sala de Recursos Multifuncionais, atendendo estudantes elegíveis da Educação Especial. Além disso, presto consultoria pedagógica e produzo materiais didáticos para professores.

estrategiasinclusivas

+55 (11) 94276-2512

debora.estrategiasinclusivas@gmail.com

Além da LOUSA

4 A ESCOLA NA PERSPECTIVA DA EDUCAÇÃO INCLUSIVA

POR DÉBORA ARAGÃO

A escola deve ser um lugar aberto à diversidade e construção de conhecimento. Sob esse olhar, a inclusão escolar passa a se constituir como um movimento que visa à reflexão quanto à garantia dos direitos humanos e à mudança de paradigmas na sociedade e no cenário educacional.

As legislações brasileiras afirmam os direitos educacionais de todos os indivíduos, independentemente de ter deficiência ou não na escola regular. Mas, o processo de inclusão no cenário brasileiro nem sempre foi assim. No marco histórico da Educação Especial no Brasil, vislumbramos que estudantes com deficiência viviam segregados e muitos não tinham acesso à educação e, quando atendidos, eram matriculados em escolas de Educação Especial sem terem acesso à diversidade humana no ambiente escolar.

Observa-se que, gradativamente, o processo histórico da inclusão escolar no Brasil contempla legislações que visam compensar os anos de exclusão educacional e social das pessoas com deficiência e políticas públicas que buscam direcionar a inclusão de todos na rede regular de ensino.

O marco histórico em nosso país foi a Constituição Federal de 1988 (em seu art. 3º, inciso IV), que nos trouxe como objetivo fundamental "promover o bem de todos, sem preconceito de origem, raça, sexo, cor, idade, quaisquer outras formas de discriminação". Determina a educação como direito de todos (art. 205) a "igualdade de condições de acesso e permanência na escola" (art. 206), a garantia e a oferta do Atendimento Educacional Especializado (AEE) preferencialmente na rede regular de ensino como dever do Estado (art. 208).

Nesse contexto, a visão de educação proposta pela Política Nacional de Educação Especial na Perspectiva da Educação Inclusiva (2007) prevê o direito à escolarização a todos os estudantes, independentemente de ter deficiência ou não no sistema educacional. Institui que, na perspectiva da educação inclusiva, a educação especial passa a integrar a proposta pedagógica da escola regular.

Diante desse cenário, ampliou as condições de acesso e oportunidade para as pessoas com deficiência de maneira que todos possam aprender juntos. Porém, as necessidades educativas precisam ser respeitadas e a oferta de estratégias pedagógicas inclusivas devem favorecer a eliminação de barreiras existentes no processo de ensino e aprendizagem para a garantia e acesso ao currículo escolar.

Além disso, a Política Nacional de Educação Especial na Perspectiva da Educação Inclusiva (2007) destaca a Educação a Especial como uma modalidade educacional que perpassa todos os níveis e etapas de ensino e garante o AEE aos estudantes com deficiência, transtornos globais do desenvolvimento e altas habilidades/superdotação nas escolas ou instituições especializadas, que atuarão como serviço de apoio para a escola inclusiva, de maneira a complementar e/ou suplementar o processo de escolarização para o desenvolvimento da autonomia e independência dentro e fora do ambiente escolar. Tendo como função identificar, elaborar e organizar recursos pedagógicos e de acessibilidade que eliminem as barreiras no processo de ensino e aprendizagem.

Esse atendimento é realizado por um professor que possua formação inicial ou especialização em educação especial: no contraturno escolar do estudante, na sala de recursos multifuncionais — espaço mobiliado e equipado com recursos pedagógicos —, ou no atendimento colaborativo/itinerante, dentro do turno de maneira articulada com a equipe pedagógica da unidade escolar.

A Educação Especial tem como foco: o ensino do sistema Braille, da Língua Brasileira de Sinais (Libras) como primeira língua para estudantes com surdez, Língua Portuguesa na modalidade escrita como segunda língua para estudantes com surdez, informática acessível, comunicação alternativa e aumentativa, desenvolvimento dos processos mentais, tecnologia assistiva, oferta de atividades de enriquecimento curricular para estudantes com altas habilidades ou superdotação e estratégias para o desenvolvimento da autonomia e independência. Diante dessa proposta, o

AEE não pode ser confundido como atendimento psicopedagógico ou reforço escolar. Ele possui suas atividades próprias e particularidades no atendimento.

É de suma importância que a equipe pedagógica se aproprie da função do AEE, dos papéis e responsabilidades no que tange ao professor regente e o professor especialista em Educação Especial e compreenda que é urgente a necessidade de envolvimento coletivo, sob a orientação da equipe diretiva, para a qualidade do atendimento a ser ofertado aos estudantes elegíveis da Educação Especial. A fim de compreenderem como se dá o passo a passo para o atendimento destes estudantes e efetivarem o que está respaldado na Lei Brasileira de Inclusão (Lei n. 13.146/2015), no art. 28:

> VII - planejamento de estudo de caso, de elaboração de plano de atendimento educacional especializado, de organização de recursos e serviços de acessibilidade e de disponibilização e usabilidade pedagógica de recursos de tecnologia assistiva.

Se essas ações forem elaboradas coletivamente, envolvendo a articulação entre professores, responsáveis e equipe diretiva nas unidades escolares, e não ficar somente sobre a responsabilidade do professor de AEE, poderemos gerar um avanço nas práticas pedagógicas inclusivas e no desenvolvimento do senso de pertencimento dos estudantes. Visto que se apropriarão das: necessidades específicas individuais, potencialidades, habilidades, dificuldades, áreas de interesse, contexto familiar e clínico de cada estudante elegível da educação especial. Assim, poderão se questionar o que, como e, quando ensinar, para cada estudante atendido em uma turma heterogênea. Juntos, conseguirão traçar objetivos e metas, transformando-as em experiências ricas de conhecimento e possibilitando a equidade no contexto escolar.

O trabalho desenvolvido de maneira colaborativa entre os professores regentes e do AEE pode gerar um planejamento assertivo de atividades, recursos pedagógicos e estratégias para atender a diversidade em sala de aula, contemplando uma temática abordada com a turma toda, no lugar de atividades paralelas para atender à necessidade individual de um estudante elegível da educação especial ou que tenha dificuldade de aprendizagem.

Quando nos reportamos à educação inclusiva, temos que ter clareza da responsabilidade coletiva de todos os envolvidos no processo de ensino e aprendizagem, pais e responsáveis, equipe pedagógica e redes de apoio.

As instituições e redes de ensino precisam compreender que são responsáveis por abrir espaço para discussões, trocas de experiências, oferta de formações continuadas para os profissionais, adquirir recursos pedagógicos e de acessibilidade e oportunizar um atendimento de qualidade independentemente de suas características individuais (dificuldade de aprendizagem, deficiência ou transtorno de aprendizagem etc.).

Precisamos romper com os preconceitos, atitudes conservadoras e com a ideia de que a mesma estratégia pedagógica e metodologia podem atender a todos em uma turma heterogênea ao mesmo tempo.

> A ideia tradicional de que todo conteúdo ensinado e aprendido deve ser registrado de uma única forma, por meio da escrita formal no caderno — o famoso lápis e papel — precisa ser desconstruída e, por outro lado, é necessário mostrar aos profissionais da educação que um desenho, a oralidade, o recorte de uma figura, a interpretação de um assunto ou a escrita no computador, podem e devem ser considerados registros do aprendizado do estudante, sobre o mesmo assunto trabalhado em sala de aula (Zerbato; Capellini, 2019, p. 23).

A escola inclusiva deve ter claro que a diversidade está presente na sala de aula e que devemos pensar em estratégias pedagógicas e recursos de acessibilidade para oportunizar o acesso ao currículo escolar a todos os estudantes. Necessitamos desenvolver o senso de alteridade e empatia voltadas à pluralidade dos sujeitos de conhecimentos.

Contudo, sabemos que não é fácil trabalhar na perspectiva da educação inclusiva, tendo em vista que ela prevê modificações nas estruturas prediais, formas de avaliação, metodologias de ensino, no currículo escolar e na elaboração de um planejamento que atenda as diversas demandas em sala de aula. Além de nos deparamos com a falta de: investimento na educação, formação continuada dos professores, funcionários e das equipes diretivas, recursos humanos e pedagógicos nas unidades escolares.

Muitas vezes os professores e profissionais da área da educação sentem-se sozinhos e impotentes diante dos desafios enfrentados no contexto escolar, e almejam mudanças na estrutura de ensino, parcerias entre a escola, a família e redes de apoio.

Mas quando nos dispomos à mudança no âmbito da inclusão escolar, reafirmamos a construção de uma sociedade democrática que afirma os direitos das pessoas com deficiência na escola comum, assumimos a nossa responsabilidade enquanto profissionais da área da educação, rompemos paradigmas sociais, cobramos por políticas públicas efetivas e fortalecemos o direito do outro quanto a educação. Dado que a inclusão escolar está protegida enquanto direito na Lei Brasileira de Inclusão, que dispõe em seu artigo 27:

> [...] Art. 27. A educação constitui direito da pessoa com deficiência, assegurados sistema educacional inclusivo em todos os níveis e aprendizado ao longo de toda a vida, de forma a alcançar o máximo desenvolvimento possível de seus talentos e habilidades físicas, sensoriais, intelectuais e sociais, segundo suas características, interesses e necessidades de aprendizagem (Brasil, 2015, *on-line*).

Neste contexto, o processo de escolarização nas unidades educacionais deve priorizar a formação acadêmica e social de todos os estudantes com ou sem deficiência, oferecendo subsídios para o acesso ao currículo e o AEE para aqueles que assim necessitem do atendimento, de maneira que desenvolvam o senso de pertencimento, promovam a inclusão e o respeito a diversidade no contexto educacional e social.

(Referências bibliográficas ao final do livro.)

"TODOS PODEM APRENDER JUNTOS, PORÉM AS NECESSIDADES EDUCATIVAS PRECISAM SER RESPEITADAS."

DÉBORA ARAGÃO

EVELIZE ARES

Sou professora de Educação Infantil, com formação em Pedagogia, Fonoaudiologia e Psicopedagogia. Sou também educadora parental e KidCoach. Casada há 31 anos e mãe de 3 filhos, já adultos.

Trabalho na rede pública, na Educação Infantil há mais de 30 anos. Hoje baseio meu trabalho nos fundamentos da Educação Positiva, com o objetivo de ampliar o olhar sobre a criança, suas necessidades e como os adultos podem e devem ser o suporte tanto físico quanto emocional para elas.

Ajudo professores e pais a criarem mais conexão com as crianças e proporcionar o desenvolvimento de habilidades socioemocionais, tornando o ambiente escolar e familiar mais sadio e respeitoso.

professoraevelize

professoraevelize

evelizeprofessora@gmail.com

Além da LOUSA

5

CONEXÃO E RESPEITO: UMA JORNADA EDUCACIONAL

POR EVELIZE ARES

Sou Evelize, essencialmente professora de Educação Infantil desde 1990, e sempre me encanta o fato de estar rodeada de crianças e saber que eu posso oferecer o meu melhor.

Durante muito tempo ouvi e acreditei que quem trabalha com o que gosta não trabalha! Isto não é verdade, pois logo que iniciei minha carreira na educação aos 19 anos, numa sala com crianças de 4 a 5 anos de idade, a cada dia era um novo desafio e aprendizado.

No início eu era cheia de energia e vitalidade, sempre buscando o meu melhor, dedicando-me, e realmente não me parecia ser doloroso ou difícil meu trabalho. Eu me empenhava, preparava aulas e materiais, com a certeza de estar fazendo o melhor. Eu fiz meu melhor, desse jeito durante muito tempo, na certeza de que fazia o correto, o necessário, o adequado. Sempre acreditei que o afeto e o cuidado eram muito importantes, e assim conquistava a confiança das famílias e dos alunos. Durante muito tempo foi assim, mas aconteceram mudanças em mim, nas crianças, na vida de todos nós, e então surgiram as dificuldades.

Alunos comportavam-se diferentemente do que eu esperava, famílias queriam cada vez mais da escola, e eu estava frustrada e irritada, impaciente e terminando meu dia de trabalho com alívio de ter terminado mais um dia. Aquela alegria do início da carreira quase não aparecia, e era cada dia mais difícil continuar, já que havia muito estresse e ansiedade. Eu me sentia num mar agitado, com muitas tempestades e poucos momentos de calmaria.

Decidi então que melhoro minhas ações em sala de aula ou desisto. Eu mudaria de profissão, ou ficaria doente, afinal a alegria tinha sido trocada pelo estresse e frustração no dia a dia, com situações desafiadoras e resultados ruins, então escolhi ficar, tentar de novo, mas teria que fazer diferente. Foi essa busca que me levou a estudar mais sobre relações humanas, parentalidade positiva e o cérebro infantil. Deparei-me com estudos sobre disciplina positiva, apego seguro, educação respeitosa e outras abordagens sobre educação.

Percebi que a maneira como eu fazia não estava adequada. Eram as violências normalizadas que geravam uma insatisfação enorme em mim e péssimos resultados com os alunos.

Sei que muitos professores estão se sentindo assim, então venha comigo nesta leitura, há um caminho lindo para seguirmos! Acredite!

Percebi que havia chantagem, sim. Você leu direito, chantagem: "Se comer tudo, tem sobremesa, se obedecer, vai ao parque, se não chorar, que forte que você é!" Era uma sala cheia de imposições e condições. Se a criança fazia o que o adulto (eu) queria, obedecia-me, de acordo com o que eu desejava, estava no caminho correto, e iria se desenvolver bem, afinal é o adulto quem decide, conduz, escolhe. Havia descontrole da minha parte como gritar, ficar brava, reclamar dos conflitos, cantinho do pensamento, punições com boas intenções.

Era a Educação Tradicional e minhas experiências de vida que existiam ali, que pautavam minhas ideias, que me geravam gatilhos emocionais, e que conduziam minhas ações dentro do ambiente escolar.

Tinha também tinha muito afeto, colo, risadas, brincadeiras e bom humor, mas não era o suficiente, já que eu mesma muitas vezes era inflexível, e via a escola pelo olhar dos adultos, sem levar em conta o motivo do meu trabalho: AS CRIANÇAS! Elas reagiam como podiam, ou eram as boazinhas por medo ou eram desafiadoras por não poderem ser elas mesmas, sem individualidade, sem criatividade, sem direito a escolhas ou opiniões, como se todos fossem iguais e devessem alcançar os mesmos resultados no final.

Lembrar de tudo isto, e escrever, ainda me dói. Mas o estudo e o conhecimento da neurociência, da teoria do apego seguro, das necessidades básicas do ser humano, além das físicas, é claro, e muito mais, indicaram-me o caminho, a calmaria, a possibilidade de nadar até a praia e me salvar da professora que eu era para me tornar quem hoje eu sou.

Foram muitas descobertas doloridas, já que enxergar que o que eu fazia não era bom, perceber que a minha maneira de conduzir a turma e de me relacionar com as crianças não era o que deveria ser, não foi agradável. Aos poucos fui me percebendo melhor, entendendo o que realmente eu queria do meu trabalho e do resultado que eu esperava com as crianças, e isso fez grande diferença na minha vida profissional.

A partir daí, fui mudando minhas ações e os meus objetivos dentro de sala de aula aos poucos, incluindo mais as famílias, observando mais as necessidades de cada criança e atendendo melhor cada aluno.

A descoberta destas afirmações pode demonstrar um pouco das mudanças que ocorreram a partir do conhecimento que adquiri:

• A conexão é necessidade básica do ser humano, e é o primeiro passo para uma boa relação.

• "Todo comportamento é comunicação." (Pereira, 2024).

• Ninguém aprende com quem não gosta ou não se sente bem.

• É preciso que o professor esteja equilibrado e consciente de si para que seja adequado e respeitoso com as crianças, afinal elas percebem tudo.

• Uma criança que age inadequadamente está apenas me mostrando que ainda não aprendeu o jeito certo de agir, e devo ajudá-la e nunca a punir.

• "De onde tiramos a absurda ideia de que, para que as crianças se comportem bem, primeiro devemos fazê-las se sentir mal?" (Nelsen, 2015).

• Criança precisa de corregulação para se acalmar, e na escola o professor é o responsável por oferecer isto às crianças.

Essas afirmações que cruzaram meu caminho me abriram o olhar para a criança como um ser em desenvolvimento que merece dignidade e respeito, e que isso deve ser a prioridade do professor.

E, então, vieram muitas dúvidas. Saber que tudo isso é necessário, é muito importante, mas como oferecer isso às crianças? Qual o caminho que um professor pode seguir dentro da sala de aula para que as elas sejam atendidas em suas necessidades? Como agir para que o ambiente seja leve, tranquilo e, assim, elas consigam desenvolver suas habilidades e experienciar todas as oportunidades que uma escola oferece?

Estudei sobre o desenvolvimento infantil, sobre como ocorre o desenvolvimento do cérebro infantil, como uma criança lida com suas emoções, como eu lido com as minhas emoções, e assim, como promover o desenvolvimento de habilidades socioemocionais dos meus alunos, você lembra da BNCC?

As habilidades são aprendidas pelo exemplo e por meio da conexão que você tem com cada criança. Também foi preciso conhecer as necessidades do ser humano para que eu as reconheça e as atenda em cada criança, possibilitando assim que meu aluno se desenvolva de maneira adequada e saudável sem gerar traumas ou estresse.

E lembrando da BNCC, como podemos desenvolver habilidades socioemocionais com nossos alunos como empatia, autoconfiança, tolerância, paciência, comunicação e perseverança?

Vale lembrar que essas habilidades serão adquiridas durante a vida, que um cérebro estará amadurecido totalmente por volta dos 25 a 30 anos de idade, de acordo com as Neurociências, então, as vivências e oportunidades para que ocorra a aquisição dessas habilidades fazem parte de um processo longo. Portanto, é inútil esperar que rapidamente a criança consiga se relacionar sem explosões de raiva, sem birra, sem tristeza só porque você já ensinou. As habilidades serão adquiridas pelo exemplo, em como você lida com situações estressantes e também por meio do apoio e orientação que o adulto vai oferecer à criança no dia a dia.

De acordo com estudos da Neurociência, quando uma pessoa está com medo, ou insegura, quando há gritos, quando o adulto expressa raiva ou insatisfação com a criança, quando há frustração, seu corpo reage, seu cérebro se desorganiza, e então ela age por impulso com ações como gritar, bater, chorar ou então paralisa, congela. Veja bem, são reações, e não são intencionais.

Você sabia que, segundo a Dr.ª Nadine Burke Harris, no livro Mal Profundo, há comprovações baseadas em estudos de que a frequência de experiências ruins na vida de uma criança desencadeia, além de dificuldades emocionais, também doenças físicas (Harris, 2023).

Assim, minha intenção aqui é orientar pais e professores sobre a importância de aprender e compreender o que uma criança realmente necessita para ter bom desenvolvimento físico, social e emocional, para que consiga proporcionar condições para um desenvolvimento saudável.

Como ser suporte, apoio e segurança para a criança na escola? Numa situação difícil, sigo esta direção: **acolhe, acalma e só depois ensina!**

Dessa forma você acolhe, oferece corregulação acalma, e aí então será suporte para que juntos encontrem uma saída. Como exemplo simples vou citar uma disputa de brinquedo, ensino essa criança a pedir, ensino uma outra maneira de lidar com essa situação que não seja arrancar brinquedo da mão do amigo, e em caso de negativa do amigo, a criança pode escolher outro brinquedo disponível com a minha ajuda, assim sou suporte e auxílio para aquela necessidade que se apresenta.

Lembre-se: não há punição, não há descontrole do adulto! Essa situação só nos lembra que as crianças estão aprendendo e que nós, professores, devemos fazer nosso papel com clareza e intencionalidade. A boa relação é a base da educação e é assim que acontece a aquisição de muitas habilidades pela criança.

Aqui estão muitos ensinamentos que me trouxeram a alegria de volta, e hoje exerço minha profissão de professora num ambiente leve, respeitoso e feliz. E é por meio de assessoria educacional e educação parental que ensino um novo caminho de transformação na maneira de educar dentro e fora das escolas.

Você também pode fazer parte dessa educação transformadora, para que no futuro tenhamos uma sociedade com mais saúde emocional e que saiba relacionar-se com afeto e alegria. Vamos ser mais gentis, afetuosos, compreensivos e acolhedores, e assim promover e educação através do amor e do respeito. Espero você nesta nova jornada da Educação Infantil!

(Referências bibliográficas ao final do livro.)

UMA CRIANÇA QUE AGE INADEQUADAMENTE ESTÁ APENAS COMUNICANDO QUE AINDA NÃO APRENDEU O JEITO CERTO DE AGIR, E DEVO AJUDÁ-LA E NUNCA A PUNIR.

EVELIZE ARES

FABIANE GOMES

Sou Fabiane Gomes. Nasci em Toledo/PR, filha de Sebastião e Jandira, e atualmente chamo Jaraguá do Sul/SC de lar. Sou casada com Luis Fernando Deretti, mãe atípica do Arthur e da Alice. Madrasta do Gabriell e da Maria.

CEO da Doce Infância Centro de Recreação Infantil, pedagoga sistêmica especializada em Educação Parental. Minha jornada é marcada pela crença de que a educação é a chave para a paz nos lares. Acredito que um ambiente de aprendizado seguro e acolhedor é essencial para que todos os alunos se sintam valorizados, independentemente de suas habilidades ou circunstâncias, incentivando-os a expressarem suas emoções, enfrentarem desafios e celebrarem suas conquistas.

Os esforços que empenhamos hoje conduzirão resultados para futuros adultos saudáveis!

fabiane_gds

6

EDUCAÇÃO RESILIENTE: O CAMINHO PARA O FUTURO

POR FABIANE GOMES

Estamos em constante crescimento, a promoção da resiliência na educação revela-se como uma peça fundamental e indispensável na formação das gerações futuras. Neste capítulo, abordaremos as complexidades dessa abordagem que transcende os métodos convencionais de ensino, proporcionando instrumentos e visões fundamentais para o desenvolvimento pleno em um contexto dinâmico.

A resiliência é a habilidade de aprender, adaptar-se e prosperar em meio à adversidade, visando cultivar mentes flexíveis e corações resilientes. Os educadores desempenham um papel fundamental nesse processo, atuando como guias nessa jornada de desenvolvimento dos alunos. Ao criar ambientes de aprendizagem que promovem a resiliência, acabamos inspirando a confiança, a autenticidade e a capacidade de lidar com as incertezas que permeiam o mundo contemporâneo.

À medida que nos aventuramos por uma educação transformadora, convidamos educadores, pais e alunos a se unirem nessa revolução educacional. Juntos, podemos criar um ambiente onde a resiliência seja cultivada como uma habilidade vital para enfrentar os inúmeros caminhos que a vida nos reserva. Esse é o alicerce de uma educação verdadeiramente preparatória para o futuro, onde a resiliência se torna a força motriz que impulsiona o sucesso duradouro.

Na nossa jornada da educação, precisamos preparar crianças e adolescentes para as adversidades da vida, aumentando a resiliência e trazendo um panorama mais positivo para o futuro. A tentativa de superar as adversidades encontrando forças para aprender com elas vai além da lousa. Descobrir crenças e ressignificar o que passou para fazermos um novo presente positivo é um desafio diário. Para que possamos fazer essa transformação, precisamos ampliar nossos olhares de educadores e pais, possibilitando a esperança. Dando o primeiro passo, saindo deste lugar de incrédulo, de adoecimento, de rancor, de negativismo, entre outros que nos geram descréditos. E passar para um lugar de propósito, de compromisso com a vida e com a fé.

Diz-se que um indivíduo é resiliente quando consegue superar as adversidades encontrando meios para ultrapassar e aprender com elas. Percebe-se que a atitude é resiliente, quando demonstra uma força, uma coragem que existe latente no ser humano e que emerge diante de situações difíceis, às vezes criando por seus próprios fatores de proteção, outras utilizando fatores externos a Deus e à família. A fé pode ajudar no enfrentamento dos conflitos e sabemos que a crença é fundamental para promover a resiliência.

Tenho defendido que o aprendizado por meio das experiências e vivências permite aos alunos aplicarem seus conhecimentos de maneira tangível, preparando-os para os desafios do mundo real. Pela ênfase no desenvolvimento de habilidades socioemocionais, consciente da importância da inteligência emocional, empatia e colaboração, buscamos moldar não apenas alunos, mas indivíduos completos prontos para enfrentar as complexidades da vida. Não se trata apenas de absorver informações, mas de cultivar a capacidade de análise e a habilidade de conceber soluções inovadoras, habilidades cruciais em um cenário sempre em transformação.

Ao promover a resiliência, encorajo professores e os alunos a abraçarem a mudança como uma constante, preparando-os para os desafios dinâmicos que encontrarão em suas jornadas educacionais e além. A inclusão e a celebração da diversidade são valores que permeiam as experiências educacionais. Estabelecemos ambientes onde cada aluno não apenas é respeitado, mas se sente parte integrante do processo de aprendizado, enriquecendo logo a experiência de todos. Assim, meu objetivo é inspirar uma mentalidade resiliente, buscando capacitar uma geração de aprendizes não somente com conhecimento, mas com as habilidades e a resiliência necessárias para enfrentar os desafios de uma sociedade em contínua evolução. Que esta jornada inspire, desafie e prepare nossos leitores para o extraordinário caminho que é a busca do conhecimento.

O ensino da capacidade de suportar frustrações é uma dimensão crucial no desenvolvimento emocional e comportamental dos alunos. A vida está repleta de desafios e obstáculos, e a habilidade de lidar construtivamente com as frustrações é uma ferramenta valiosa que os educadores podem fornecer. Ao enfrentar frustrações, os alunos aprendem a lidar com situações adversas, desenvolvendo resiliência e habilidades emocionais essenciais.

Os educadores não são apenas transmissores de conhecimento, mas artífices que moldam os alicerces da resiliência, ao criar ecossistemas educacionais que nutrem a resiliência, tornando-os agentes inspiradores, catalisadores de confiança, autenticidade e habilidades para lidar com as incertezas que permeiam o mundo contemporâneo.

A teoria da resiliência defende a capacidade individual do ser humano de aprender a trabalhar comportamentos que reduzem a ação dos agentes estressores, admitindo que a personalidade pode mudar a sua maneira de ser, se a ela forem dadas as ferramentas adequadas para a construção do novo indivíduo. No vasto panorama da educação, emerge a resiliência como uma pérola preciosa, mais do que uma simples resposta aos desafios; é uma dança intrincada entre aprendizado, adaptação e prosperidade no coração da adversidade, em vez de meramente ser um escudo contra os embates da vida.

Quando abordamos a educação para a resiliência, não é apenas uma lição; é um convite a cultivar mentes flexíveis e corações resilientes, uma abordagem que reconhece a fluidez do conhecimento e a necessidade de se adaptar em um mundo em constante transformação.

A educação para a resiliência não se contenta com os confins do conhecimento estático. Segundo Duckworth (2016), em seu livro *Garra: O poder da paixão e da perseverança*, a capacidade de perseverar diante de desafios e manter um foco consistente em metas a longo prazo é fundamental para o desenvolvimento e a expressão plena de talentos. Ela destaca que a resiliência e a paixão desempenham papéis essenciais, muitas vezes superando a importância de habilidades naturais.

Ao rompermos as amarras da educação convencional, desvendamos o mundo da educação para a resiliência. Nesse cenário, priorizar a construção de laços antes de abordar eventuais correções revela-se como a chave mestra para forjar relações entre educadores e alunos que ultrapassam o comum. Esta é uma jornada repleta de emoções e autodescobertas, um chamado ousado para transcender as fronteiras do conhecido em busca do desconhecido. Nesse território inexplorado, a resiliência não é apenas uma habilidade a ser adquirida; ela tece os fios da existência, tornando-se parte intrínseca da trama que compõe nossas vidas. Esse é um convite não só para aprender, mas para sentir, experimentar e abraçar a resiliência como o elo que conecta de forma vibrante educadores e alunos em uma jornada emocionalmente rica e significativa.

Na jornada da educação para a resiliência, é imprescindível adotar abordagens práticas que vão além do modelo acadêmico tradicional. Diversas estratégias emergem como pilares fundamentais, capacitando os educadores a moldarem não apenas mentes brilhantes, mas também indivíduos resilientes, preparados para os desafios da vida.

A meditação, a aceitação e o compromisso são práticas incorporadas conscientemente. Essas técnicas não apenas promovem a autorregulação emocional, mas também ensinam os alunos a aceitarem desafios como partes inevitáveis da jornada, cultivando uma resiliência intrínseca.

O desenvolvimento afetivo, sem imposição excessiva de exigências, é essencial. Estimular a expressão emocional e a confiança, sem sobrecarregar os alunos com expectativas irrealistas, constrói laços emocionais sólidos e um senso de segurança necessário para a resiliência.

A desconstrução de crenças negativas é um passo crucial. Desafiando e reformulando pensamentos limitadores, os alunos aprendem a enfrentar adversidades com uma mentalidade mais positiva e proativa. O suporte de um adulto responsável é um catalisador poderoso para a resiliência. Mais do que guiar, esse mentor torna-se um farol de confiança e orientação nos momentos desafiadores. Ao incentivar atitudes positivas e focar no reconhecimento de recompensas e competências, os educadores promovem um ambiente que nutre a autoestima e o desenvolvimento contínuo.

A compreensão das forças e fraquezas individuais é essencial e isso capacita os estudantes a direcionarem seus esforços para áreas de crescimento, fortalecendo não apenas habilidades, mas também a resiliência diante de desafios específicos, transformando frustrações em uma oportunidade de aprendizado e crescimento. Ensinar a capacidade de suportar frustrações é um aspecto vital. Os educadores têm o papel de guiar os alunos na gestão construtiva da frustração.

Ao desbravar as estratégias importantes para promover a resiliência, percebemos que estamos, na verdade, transformando desafios em oportunidades. Essa jornada não se limita ao ambiente escolar; é um chamado audacioso para construir lares onde a paz seja uma realidade tangível. Como educadora, vivenciei que a resiliência vai além da teoria; é um investimento duradouro no futuro. Cultivar a resiliência vai além de preparar estudantes para o sucesso acadêmico; trata-se de equipá-los com as ferramentas necessárias para enfrentar a complexidade do mundo. Nesse contexto, a pergunta que ecoa é: como você, educador, pode transformar desafios em oportunidades, integrando a resiliência em seu papel? Esse desafio estende-se além das salas de aula, moldando não apenas mentes brilhantes, mas também corações resilientes, prontos para abraçar cada oportunidade como uma chance de crescimento. Que essa reflexão inspire ações concretas e transformadoras, criando um amanhã onde a resiliência seja a força motriz para um mundo mais resiliente e harmonioso.

O desafio está lançado: mergulhe na revolução resiliente e seja um agente de mudança na vida de seus alunos. Como você pode liderar essa transformação na jornada educacional?

(Referências bibliográficas ao final do livro.)

O DESAFIO ESTÁ LANÇADO: MERGULHE NA REVOLUÇÃO RESILIENTE E SEJA UM AGENTE DE MUDANÇA NA VIDA DE SEUS ALUNOS.

FABIANE GOMES

FELLIPE CUIN

Prazer!

Sou o Fellipe Cuin, filho do Cuin e da Regina, natural de São Paulo/SP. Sou apaixonado pela educação, e desde cedo tinha certeza da jornada profissional. Essa paixão levou-me a romper as paredes de uma sala de aula e caminhar em todas as regiões brasileiras por meio de consultoria e mentoria inspirando professores e famílias. Graduado em Pedagogia, especialista em: Competências Socioemocionais, Docência Superior e Educação Financeira com Neurociência.

Atuo como coordenador pedagógico regional pela Escola da Inteligência, e coordenador nacional pelo Gênio das Finanças. Sou escritor de mais de 20 literaturas infantojuvenis com o objetivo de contribuir na formação do caráter dos leitores pelos princípios e valores cristãos. Pesquisador de desenvolvimentos de clubes de leitura.

fellipecuin

/fellipe.cuin

fellipecuin@gmail.com

Além da LOUSA

7

EDUCAÇÃO FINANCEIRA DESDE CEDO

POR FELLIPE CUIN

De todas as fases da vida, certamente a primeira infância tem um grande papel na construção de quem somos. Todas suas experiências são essenciais para potencializar o despertar de habilidades para sua qualidade de vida e bem-estar. E o aprendizado adquirido neste período acontece a partir de familiares que convivem com essa criança e o meio social em que ela está inserida. E será que esse investimento garantirá o desenvolvimento do pensamento reflexivo, crítico e criativo? O meu convite a você, leitor(a), é parar um pouco e pensar sobre como tem investido na primeira infância.

> A educação infantil, primeira etapa da educação básica, tem como finalidade o desenvolvimento integral da criança até seis anos de idade, em seus aspectos físico, psicológico, intelectual e social, complementando a ação da família e da comunidade (Artigo 29 da LDB, 1996, *on-line*).

Alicerce que dá sustentação

Quando se constrói uma casa, qual a primeira coisa a ser feita para que essa casa tenha sustentação, para que não caia quando soprar qualquer vento? Provavelmente, você respondeu o alicerce, e é exatamente isso que a Educação Infantil representa, o alicerce para todo o conhecimento que a criança irá adquirir durante sua vida.

O que acontece com um alicerce mal feito? As portas e janelas saem do alinhamento, o piso fica inclinado, aparecem rachaduras. Ninguém gostaria de morar em uma casa com problemas em seu alicerce, a fase inicial de qualquer construção requer mínimos cuidados que farão a diferença no resultado final da casa, e ao olhar para a primeira infância, enxergamos exatamente o momento inicial de construção de alicerces para a vida, construindo em sua plenitude as funções executivas e seus processos cognitivos. Quanto mais desenvolvidas, maiores as chances de sucesso na vida pessoal e profissional.

E no desenvolvimento de nosso aluno, quais ensinamentos têm servido de alicerces? Focamos nos pilares da comunicação, do desenvolvimento da coordenação motora, da socialização, do compartilhar brinquedos, entre outros ensinamentos que julgamos essenciais. Mas será que está faltando algo para a edificação? Tem assuntos que classificamos como desnecessários, ou que é obrigação da família e não nosso como professores e acabamos renunciando-os.

Pare alguns minutos e faça uma avaliação: nos seus pilares, será que faltou algo que você acabou aprendendo na vida adulta e que foi doloroso muitas vezes?

Um tema transversal que por diversas vezes abrimos mão é a Educação Financeira. Agimos sempre que uma lei, diretriz ou normativa rege a comunidade em que estamos inseridos, e mesmo assim com o receio de sermos notificados do descumprimento e não por acreditarmos nos alicerces que podemos edificar.

Durante a história da educação, algumas normativas e orientações sobre Educação Financeira foram incluídas em projetos interdisciplinares e temas transversais, tais como Parâmetros Curriculares Nacionais (PCNs), o Plano Nacional de Educação (PNE), entre outros, trazendo uma legislação acerca da escola, e o mais recente foi a Base Nacional Comum Curricular (BNCC).

Segundo a BNCC, desde 2020, é incluso a Educação Financeira entre os temas que devem constar nos currículos escolares de todo país, reconhecendo que é ciência comportamental (Educação..., 2022, *on-line*).

E ensinamos nossos alunos a lidarem com o dinheiro? Por muitas vezes não abordamos essa aprendizagem por acharmos que não estamos preparados ou não temos conhecimento suficiente. E isso é compreensível por conta da cultura em que estamos inseridos. Você se lembra quando foi o seu primeiro contato com o dinheiro? O que fez com ele? Alguém lhe orientou como usá-lo? Acredito que suas respostas sejam as mesmas de boa parte da nossa sociedade, é por isso que precisamos olhar esse tema transversal como alicerce da edificação de nossos alunos na primeira infância.

Um alicerce fundamental

Infelizmente, a Educação Financeira em nossa sociedade resume-se em algumas frases famosas como "na volta a gente compra", "é só passar o cartão", "faz um pix", "eu mereço me agradar", "só mais esta conta não vai fazer diferença", "estava na promoção, por isso comprei". Acredito que você já tenha ouvido uma dessas falas, ou até mesmo falou uma delas em algum momento. Esse é o reflexo de que nossa sociedade não tem esse alicerce bem fundamentado. Mas é preciso ir além da lousa, e promover uma revolução no ensino-aprendizagem logo na primeira infância.

Nós, como professores, trabalhando o tema transversal da Educação Financeira como alicerce na primeira infância podemos colher uma sociedade mais preparada e mais saudável financeiramente. A base da Educação Financeira para crianças está na mudança de comportamentos e hábitos em relação ao uso do dinheiro. E, podemos trabalhar com nossos alunos como direcionamentos e de forma interdisciplinar com outros currículos disciplinares. E, como trabalhar desde cedo na preparação de crianças para saber lidar com o dinheiro?

Pensando de forma lúdica e que gere um aprendizado significativo, quero compartilhar algumas práticas que podemos levar aos nossos alunos.

Comece trabalhando a história do dinheiro e para que ele foi criado, assim seus alunos entenderão o motivo da existência desse recurso de nos auxiliar a realizar sonhos e não sermos escravos dele. O objetivo aqui é compreender que o "dinheiro não dá em árvore" e o saber onde gastar para não desperdiçar.

Mostre que o dinheiro é uma forma de realizarmos sonhos. Confeccione três cofrinhos, um pequeno para sonhos de curto prazo, outro médio para os sonhos de médio prazo e outro grande para sonhos de longo prazo. Em conversa leve seus alunos a refletirem o tempo que demorará para encher cada cofrinho e, se ganharmos um determinado dinheiro, podemos dividir e colocar um pouco em cada cofrinho. Com essa atividade, seus alunos alcançarão os objetivos de aprender a economizar, entenderão que o hábito de poupar é fundamental para o futuro.

Uma outra vivência é levar para eles a atividade do que posso ofertar que o dinheiro não compra. Na roda de conversa os questione sobre o que podemos oferecer aos outros que não precisa ser comprado, e depois das contribuições faça um amigo secreto onde cada criança irá entregar ao seu colega algo que o dinheiro não compra. Com esta atividade, você mostrará de forma clara que o dinheiro é apenas um recurso, e não o que nos move. Irá gerar em seus alunos a cultura de doação e generosidade.

A criança em frente das telas está exposta a diversas propagandas e em todas elas encontramos a armadilha do consumismo. E essa exposição tem impactado a criatividade de nossos alunos, em que eles querem o brinquedo apresentado na propaganda, e quando o adquirem, brincam poucos minutos e já se cansam dele por não saberem usar a imaginação e não inventarem outras possibilidades de diversão. E, nós, podemos aproveitar essa realidade para trabalharmos a sustentabilidade e o consumo consciente, os desafiando no dia do brinquedo na escola a olharem para um carrinho ou uma boneca e imaginarem como esses brinquedos podem se transformar em outras brincadeiras. O carrinho pode ser transformado em um avião e a boneca em uma vassoura.

Com ludicidade, mostre que o autoconhecimento é constante, a autorresponsabilidade auxilia nas tomadas de decisões e o autocontrole nos traz imensos benefícios em diferenciar desejos de necessidades.

Frutos que permanecem

O alicerce de Educação Financeira na primeira infância é como a semente do bambu chinês que será enraizado no coração dos pequeninos e que no tempo certo florescerá a partir da aprendizagem significativa que tiveram. E veremos frutos estáveis e constantes em nossos alunos.

Veremos nossas crianças se tornando adultos conscientes inseridos em um processo de melhoria em compreensão das finanças em desenvolver habilidades necessárias para tomar decisões eficazes relacionadas ao dinheiro, adultos com compreensão de conceitos econômicos, que sabem fazer um orçamento, poupar, investir, planejar a aposentadoria e gerir com maestria seus recursos para não gastar mais do que ganham.

Convite especial

Sabemos do grande desafio de incluir a Educação Financeira dentro de uma instituição escolar e o quão crucial que a intensão não seja apenas cumprir uma das normativas que rege a legislação, mas a necessidade de planejar como esse alicerce ajudará nossos alunos a gerenciarem da melhor forma os recursos financeiros.

Reinaldo Domingos, PHD em Educação Financeira, afirma em suas pesquisas que os adultos não aprenderam a administrar dinheiro em uma grade curricular dentro da escola, nem com seus familiares e, por isso, a importância da inclusão da Educação Financeira Comportamental nas escolas (Vasconcelos, 2022, *on-line*). E, por se tratar de uma ciência humana, é preciso ensinamento para a mudança de comportamentos. Hoje esse assunto tem mais visibilidade e tem alcançado seu espaço em nossa sociedade, mas ainda é muito pequeno perto da nossa realidade de endividados. Temos a inclusão na grade curricular, cursos de graduação, pós-graduação, mestrado e doutorado, como nunca tinha sido visto antes pela nossa sociedade.

Esse problema vem de gerações passadas, não é um problema da geração atual e por isso há necessidade de entender que finanças pessoais não são educação financeira. Educação Financeira lida com comportamento, com hábitos e atitudes, já as finanças pessoais cuidam do controle de planilhas, cálculo matemático e projeções.

Por tudo isso, é necessária a inclusão desse tema na fase escolar desde a primeira infância. Assim os jovens não cairão em armadilhas psicológicas financeiras.

Topa aventurar-se nesse tema transversal e ir além da lousa?

(Referências bibliográficas ao final do livro.)

> O AUTOCONHECIMENTO
> É CONSTANTE, A
> AUTORRESPONSABILIDADE
> AUXILIA NAS TOMADAS DE
> DECISÕES E O AUTOCONTROLE
> NOS TRAZ IMENSOS BENEFÍCIOS.

FELLIPE CUIN

FERNANDA FAGUNDES

Sou Fernanda Fagundes, filha de Altamir e Marisa, mineira de Belo Horizonte/MG, cidade onde resido com meu esposo Michel e meus filhos Cecília e Antônio.

Sou assistente social, *master trainer* educacional, atuo com Educação em Saúde há quase dez anos na perspectiva da Promoção à Saúde e Prevenção de Doenças por meio de Grupos Operativos.

Em 2020, a convite da minha irmã Paula Fagundes, iniciamos a parceria de um importante trabalho no campo da Educação, em escolas e projetos sociais, com foco na formação de pessoas: educadores, famílias, crianças e adolescentes.

Atualmente concilio essas duas frentes de trabalho e sigo aprimorando conhecimentos que promovam a transformação de pessoas e da sociedade.

irmas_coach

+55 (31) 98709-6938

irmascoach@gmail.com

Além da LOUSA

8 ENSINANDO RESOLUÇÃO DE CONFLITOS E CONSTRUÇÃO DE PAZ

POR FERNANDA FAGUNDES

Pensar em resolução de conflitos e construção de paz na contemporaneidade, em meio a um cenário permeado por conflitos e violência, torna-se imperativo para educadores e famílias e permite desempenhar um papel fundamental na promoção da cultura não violenta, sendo essencial fortalecer e equipar nossas crianças e adolescentes com as habilidades e competências socioemocionais, que garantirão a compreensão do outro e de si mesmas, impactando na resolução pacífica de conflitos e na promoção de relacionamentos mais empáticos e harmoniosos.

Este capítulo destina-se a professores e pais comprometidos com a transformação social e apresenta orientações práticas para a aplicação da comunicação não violenta e da cultura de paz em sala de aula e no dia a dia dos nossos lares.

Afinal, o que é a cultura de paz?

Uma cultura de paz é aquela em que os valores e práticas que promovem a cooperação, a compreensão mútua e o respeito pelos direitos humanos são amplamente valorizados e praticados.

Numerosos estudos têm demonstrado os impactos positivos da cultura de paz na sociedade como um todo. A metodologia de trabalho que hoje utilizo nas formações com educadores, crianças e adolescentes, por exemplo, tem foco na comunicação não violenta e em alguns aspectos da disciplina positiva e das Neurociências e desenvolvemos nessas abordagens práticas que promovem o desenvolvimento de habilidades socioemocionais, como o respeito, a empatia, a confiança, entre outras habilidades importantes para o equilíbrio e harmonia nas relações interpessoais. E, em parceria, temos conseguido contribuir para a redução da violência e do *bullying* nas escolas e contextos familiares, além de promover um ambiente mais seguro e acolhedor para os alunos, educadores, gestores e famílias.

Dados da Organização Mundial da Saúde (Krug *et al.*, 2002) revelam que a violência nas escolas é um problema global, exigindo medidas urgentes e eficazes por parte dos educadores e das autoridades competentes.

Portanto, investir na promoção de uma cultura de paz, em todos os níveis da sociedade, torna-se essencial para reverter esse contexto de violência e, assim, poderemos construir um mundo cada vez mais justo, seguro e próspero para todos.

A comunicação não violenta como estratégia de promoção da cultura de paz

A comunicação não violenta, desenvolvida por Marshall Rosenberg, é uma abordagem que busca promover a empatia, a compaixão e a resolução pacífica de conflitos. Baseia-se na expressão honesta de sentimentos e necessidades, na escuta ativa e na busca por soluções que atendam às necessidades de todas as partes envolvidas.

Ao aprenderem a expressar seus sentimentos e necessidades de forma clara e respeitosa, as crianças podem evitar o acúmulo de ressentimento e a escalada de conflitos, além disso auxiliá-las a reconhecerem a humanidade em outras pessoas e a buscar soluções mais assertivas na ocasião de algum conflito, criando então uma base sólida para relacionamentos saudáveis e colaborativos no presente e no futuro.

Contudo, para ensinar essa forma de comunicação às crianças e adolescentes, os educadores e pais precisam estar atentos à maneira como se comunicam, às suas próprias necessidades emocionais, a forma em que aprenderam a resolver seus problemas e conflitos ao longo da vida e se genuinamente desejam ampliar a visão sobre os modos como nos comunicamos e relacionamos em busca de uma convivência mais respeitosa.

Essa mudança de paradigma requer também o entendimento sobre comportamentos esperados na infância e adolescência, sobre os quais não vamos nos debruçar neste capítulo, mas que merecem nossa atenção, pois promovem uma melhor compreensão dessas fases de desenvolvimento de crianças e adolescentes, impactando na forma como nos relacionamos com eles e em como mediaremos a resolução de conflitos entre os pares, com vistas a atitudes empáticas e à cultura de paz.

Em momentos de formação com educadores e famílias é comum ouvirmos relatos de experiências violentas na infância/adolescência, pela forma com que os pais se comunicavam ou "corrigiam", e as marcas presentes na forma com que essas pessoas, hoje, adultas, tomam decisões e enfrentam seus desafios na relação com o outro. Nesses momentos, mais uma vez observamos o quanto é importante o olhar compassivo para nós mesmos, para que, conhecendo nossas próprias necessidades emocionais, possamos estar sempre evoluindo e contribuindo para a formação das próximas gerações.

Atitudes e práticas importantes para a resolução de conflitos e promoção da cultura de paz

O maior desafio, quando escutamos pais e educadores, está no "como fazer", de que forma iremos abordar e desenvolver essa geração para conseguirmos influenciar positivamente e promover mudanças no comportamento e atitudes diante de situações de conflitos e diferenças.

Compartilharei aqui com vocês estratégias que têm nos auxiliado na formação de educadores, famílias, crianças e adolescentes e promovido importantes transformações nesses contextos.

1ª O olhar cuidadoso para si mesmo

A transformação começa em nós, pais e educadores, precisamos voltar o olhar para nossa história e trajetória, repensar a maneira como nos vemos e como essa mudança no agir irá refletir no espelho que somos para nossas crianças e adolescentes.

Investir no autoconhecimento irá proporcionar enxergarmos com detalhes as necessidades emocionais que são tão importantes, por exemplo, para o exercício da comunicação não violenta, promoverá ainda conhecermos o que nos faz perder o nosso autocontrole e assim aprendermos a gerenciar melhor as nossas emoções. Assim, tornando-nos os melhores conhecedores de nós mesmos, desenvolveremos com mais consistência a empatia, primordial para o próximo passo, e conseguiremos demonstrar em nossas interações o respeito e a resolução pacífica de conflitos.

2ª Princípio do não julgamento

Quando citei a importância de conhecermos melhor os comportamentos esperados para a infância e adolescência, isso diz respeito também a este tópico. Para ser capaz de olhar o outro sem julgamentos e com empatia é preciso compreender as questões relacionadas ao crescimento e desenvolvimento das crianças e adolescentes, que serão demonstrados de diferentes formas, conforme a experiência única que cada um de nós traz.

O olhar sem julgamentos promove conexão entre as pessoas e, consequentemente, a construção de um ambiente seguro e respeitoso, necessário para relações saudáveis e mais harmoniosas.

3ª Praticar e ensinar a comunicação não violenta (CNV)

Marshall Rosemberg define a CNV como uma linguagem de compaixão, que expressa quem somos e o que está vivo em nós, contribuindo para o nosso bem-estar e o do outro.

Promover espaços de escuta, diálogo e reflexão, seja no ambiente escolar ou familiar, incentivando crianças e adolescentes expressarem suas opiniões e sentimentos de forma respeitosa e construtiva, cria condições para que haja cooperação e se estabeleça uma linguagem presente e de ação positiva, tirando o foco do certo x errado.

4ª Promover o desenvolvimento e fortalecimento de habilidades socioemocionais

As habilidades ou competências socioemocionais são adaptativas, podem ser desenvolvidas ao longo da vida por todas as pessoas. São capacidades que se manifestam, dentre outras atitudes, na maneira como nos relacionamos com os outros, daí sua relevância para a promoção da resolução de conflitos de forma pacífica.

De maneira prática, estamos falando de mudanças de comportamentos, da nossa visão de mundo, do nosso modo de pensar, portanto precisamos treinar, isso mesmo, é preciso praticar novas reflexões, que promovam decisões diferentes e atitudes transformadoras, sempre na perspectiva positiva e compassiva.

5ª Parceria entre família e escola

Toda a comunidade escolar precisa estar envolvida nas iniciativas voltadas para a promoção da paz e da convivência harmoniosa. Portanto, a parceria entre família e escola torna-se imprescindível.

Além de integrar atividades de educação socioemocional aos conteúdos do currículo escolar, podem-se desenvolver ações de capacitação para educadores (Formação Continuada) e famílias (Escolas de Pais) com foco nas estratégias de resolução de conflitos não violentas.

Essas iniciativas apoiarão cultivar uma cultura de paz, transformando conflitos em oportunidades de crescimento e aprendizado, construindo um ambiente onde todos se sintam valorizados e respeitados.

Conclusão

Ensinar resolução de conflitos e construção de paz é um investimento no futuro de nossa sociedade. Ao equipar as gerações futuras com as habilidades e valores necessários para resolver conflitos de forma pacífica e promover a compreensão mútua, podemos criar um mundo em que a violência e a divisão sejam substituídas pela cooperação e pela harmonia.

A comunicação não violenta desempenha um papel fundamental nesse processo, fornecendo às pessoas as ferramentas necessárias para expressar seus sentimentos e necessidades de forma construtiva e para ouvir ativamente as perspectivas dos outros. Além disso, os estudos sobre os impactos da cultura de paz destacam os benefícios tangíveis de promover uma sociedade baseada em valores de paz e justiça.

Portanto, cabe a cada um de nós, como educadores, pais, líderes comunitários e cidadãos, trabalhar juntos para cultivar uma cultura de paz em nossas escolas, famílias, comunidades e sociedades como um todo.

Somente pelo compromisso coletivo com a resolução pacífica de conflitos e a promoção da compreensão mútua podemos construir um mundo onde todos possam viver com dignidade, respeito e paz.

(Referências bibliográficas ao final do livro.)

A TRANSFORMAÇÃO COMEÇA EM NÓS.

FERNANDA FAGUNDES

GERLIANE ALMEIDA

Sou Gerliane Almeida, natural de Fortaleza/CE, casada. Tenho uma grande paixão pela aquisição de conhecimento por meio da leitura e pesquisas. Caracterizo-me como uma pessoa sonhadora e criativa, sempre em busca de inovações.

Com graduação em Pedagogia e especialização em Neuropsicopedagogia, escolhi essa profissão por desejar orientar pessoas com dificuldades de aprendizagem e assim acompanhar o seu desenvolvimento e vê-las alcançando seus objetivos.

Desde o início da minha trajetória profissional, almejei impactar vidas por meio do meu conhecimento.

Para mim, a importância reside não apenas na conquista de um objetivo, mas na jornada que percorremos para alcançá-lo.

gerliane.neuropp

Gerliane Almeida

gerliane.neuropp@gmail.com

Além da LOUSA

9

A IMPORTÂNCIA DA ARTE NA EDUCAÇÃO

POR GERLIANE ALMEIDA

A arte está presente em nossas vidas há muito tempo, desde o período paleolítico, e vem se estendendo há muitos séculos. Arte é uma forma de comunicação e, por ela, podemos nos expressar de várias maneiras, por meio de desenhos, esculturas, escrita, fala, música, gestos, dança. O primeiro contato que o ser humano teve com a arte foi pela necessidade de se comunicar e registrar o seu dia a dia por meio de símbolos em formato de desenhos. A capacidade humana de se reinventar e ter ideias criativas é evidenciada na forma como a paisagem, animais, frutas podem inspirar a expressão artística e o registro do cotidiano pelos desenhos.

Quando penso na palavra arte, já me vem à mente o meu tempo de escola, quando essa disciplina era ministrada, os alunos ficavam entusiasmados para saber qual seria a atividade que o professor iria propor para a sala de aula. Quando o professor, ao trazer as telas, tintas, pincéis, imagens, disponibilizando tudo na mesa, era-nos realizado o pedido para que fechássemos nossos olhos e pintássemos o que viesse à mente. Vou ser bem sincera: naquele momento era difícil, porque o pensamento que vinha à mente era quanto à prova que eu teria que fazer no dia seguinte, naquele momento não entendia a função daquela pintura, no que poderia trazer de beneficio para o meu futuro, mas a pintura estava sendo realizada, ao terminar não me orgulhava, porque os traços não estavam bons! Mas me sentia mais leve pelo fato de, por alguns minutos, ter esquecido da prova, que no dia seguinte me aguardaria.

É pelo simples fato de a prova ser no dia seguinte que foi proposital aquela aula ser naquele dia com aqueles recursos, com o som calmo no fundo para que pudéssemos sair do automático e o sentimento acumulado se libertasse. A disciplina de Arte é de um extremo valor social, emocional, motivacional e libertador, é muito valiosa para o nosso conhecimento, e carrego esse ensinamento até hoje, mas não só pela teoria, como também pela prática, pelo vivido. Por esses momentos, que carrego em minhas lembranças.

Olhe como as lembranças bem construídas na educação na vida de um ser humano podem transformar e impactar no seu meio social no futuro. É isso que quero passa para você, leitor(a), seja o(a) transformador(a) na vida de seus alunos/filhos, pois Arte não é só uma disciplina, ela nos acompanha na vida. Nós somos a arte!

Por um período, a Arte era apresentada na educação como uma mera reprodução do que já existia, só tinha de fato significância nas datas comemorativas, em que os alunos teriam que levar cartões para suas famílias. Não quero desconsiderar o fato dos cartões, até porque é um ato criativo que explora a imaginação e é considerado arte, mas sim me refiro à sua importância ser ligada somente às datas comemorativas, hoje muitas pessoas fazem essa associação com a Arte ensinada antigamente, não dando o devido valor à disciplina. A abordagem educacional da arte no âmbito da educação artística progrediu, ajustando-se às necessidades no aprendizado do indivíduo, introduzindo assim a Arte como parte integrante do ambiente escolar, passando a ser conhecida como Arte ou Arte-Educação, trazendo consigo muito além de uma reprodução de imagens, explorando a percepção visual e percepção tátil, trazendo uma contextualização do que será produzido, visualizando diferentes hipóteses de reprodução por meio das experiências vividas e, assim, passando autonomia para o aluno criar sua própria concepção de arte.

A CRIATIVIDADE E A ARTE

Ser criativo é uma característica inerente ao ser humano, que busca por inovações e pelo ato de inovar e conhecer o novo. A criatividade surge da necessidade de nos reinventarmos, buscando por alternativas que possam melhorar nossa qualidade de vida. Desenvolvemos a criatividade ao refletir sobre uma ideia, acessando nossas emoções, utilizando a lógica para organizar as ideias e, por fim, colocando em prática as ideias concebidas.

Ao elaborarmos um plano de aula, é essencial nos aprofundarmos em conhecimento e buscarmos por novas ideias, instrumentos e recursos, podendo até mesmo criá-los utilizando materiais diversos. Ao aplicá-los em nossas aulas com criatividade e conhecimento, conseguimos aprimorar atividades apresentadas no meio escolar, enriquecendo o processo de ensino e aprendizagem. Naturalmente as crianças possuem criatividade sem medo de erros, ao brincar de forma espontânea, acessando o imaginário criam suas formas de brincadeiras e desenhos, sem restrições lógicas. Os pais ao elogiar e incentivar seus filhos em suas produções e ações, no futuro nas crianças tendem a se tornar adultos corajosos e inovadores. Guardo com carinho uma lembrança marcante da minha adolescência. Encontrei-me diante de um trabalho de escola desafiador que me deixou desanimada. Ao compartilhar minha frustração com minha mãe, ao sair do quarto e retornar, deparei-me com um papel contendo palavras de estímulo escritas por ela sobre o trabalho. Com frases como "Você é capaz, tenho orgulho de você, filha", minha mãe me transmitiu confiança. Naquele instante, emocionei-me profundamente e senti uma nova determinação. Com renovado entusiasmo, completei a tarefa e, ao entregá-la, alcancei a nota máxima. Desde então, encaro os desafios com maior determinação, impulsionada pelo apoio inestimável que recebi.

Já ouvi muitas pessoas dizerem: "Eu não sou nada criativo". Quero dizer a você que, se você se identifica com essa afirmação, pode ter certeza de que você é, sim, criativo e vou explicar o motivo. A criatividade pode ser cultivada em qualquer idade, desde que haja estímulos adequados. Se você pensa, tem ideias, se reinventa no meio social em que vive, se adapta e se aprimora diante do novo, então, sem dúvida, você é uma pessoa criativa. A motivação é crucial a esse processo, pois está conectada ao propósito que envolve criar algo que desperte curiosidade e interesse. Talvez você apenas não saiba como explorar essa habilidade criativa ao máximo, e por meio da arte podemos expressar e desenvolver essa criatividade.

A arte está interligada com a criatividade, pois para mim, pintar, criar requer uma conexão genuína com meus pensamentos, sentimentos e ideias para dar vida à criação. Ao inventar uma nova técnica de desenho, um estilo diferente, um conceito original e uma perspectiva renovada na pintura, estou exemplificando como isso pode ser aplicado não apenas na Arte, mas também como um novo método de ensino. Ao aprimorar o existente e combinar com pesquisas, a criatividade pode ser usada para alcançar a inovação na educação e em outras áreas.

A ARTE NA APRENDIZAGEM

Na Arte, encontramos diversas linguagens que podem ser exploradas e aprimoradas no processo de aprendizagem do indivíduo, como a música, dança, pintura, escultura, teatro, literatura, cinema e fotografia. Por meio dessas linguagens, podemos expressar nossos sentimentos, estimular o cognitivo e as percepções visual, tátil, auditiva e corporal.

Segundo a Base Nacional Comum Curricular (BNCC), foram propostas seis abordagens que integram as dimensões do conhecimento a serem incluídas nos planos curriculares para o ensino e aprendizagem, colaborando com as linguagens da Arte. As seis dimensões incluem criação, crítica, fruição, estesia, expressão e reflexão. Elas são fundamentais, pois promovem a construção do pensamento crítico, criatividade e a contextualização de mundo, auxiliando na formação do indivíduo.

A disciplina de Arte desempenha um papel crucial na educação, ao visualizar e interpretar imagens, pinturas, paisagem o indivíduo estimula sua imaginação, pensamentos, ideias, criando narrativas a partir das cenas apresentadas, ativando diversas funções cognitivas. Com o tempo, surge o desejo de transpor essas percepções por meio das linguagens artísticas, promovendo sensações de confiança, certeza e motivação, estimulando assim a criatividade. Uma criança assim cultivada tornar-se-á um adulto não apenas responsável e determinado, mas também dotado de uma mente criativa.

A presença da Arte assume um papel de extrema importância no cotidiano, pois ela é o veículo por meio do qual se efetua a formação significativa do indivíduo, permitindo-lhe compreender o ambiente social, cultural, costumes e tradições que o cercam. Esse processo capacita o indivíduo a comunicar-se, criar representações visuais dos objetos e materializar por meio dos seus sonhos e emoções.

Se refletirmos sobre o ambiente que nos rodeia, é evidente que tudo possui uma essência artística — desde ruas, casas, praças, veículos, edifícios, tecnologias, pinturas etc. Nesse contexto, incluímos o ser humano, cuja capacidade de pensamento criativo é responsável pela concepção dos objetos presentes em nossa realidade atual. A capacidade de reinvenção do homem, moldada pelas suas necessidades, é uma expressão genuína de arte, refletida na concepção e concretização de suas ideias e necessidades. Para um desenvolvimento positivo, é fundamental que a formação da criança contemple todas as etapas de seu crescimento, fomentando um pensamento crítico e criativo para o futuro.

Na minha perspectiva como educadora, a arte na abordagem da aprendizagem é introduzida na Educação Infantil por meio de recursos específicos, elementos lúdicos, pintura, desenhos e atividades de socialização, que contribuem no desenvolvimento das habilidades sociais, emocionais e físicas. Ao brincar, a criança explora o ambiente ao seu redor, ouvindo músicas, cantando, dançando, ao criar uma obra por meio de sua percepção e, com a sua essência criativa, reproduz de forma espontânea as suas produções.

Escrever este capítulo fez-me recordar momentos escolares e familiares, e tudo isso influencia profundamente quem nos tornamos hoje. Somos o resultado de uma semente plantada, regada e cuidada.

Com essa reflexão, encorajo você, leitor(a), a ser alguém que protege, cuida e compartilha conhecimento com amor e responsabilidade, pois colherá os frutos no futuro. Esses são frutos dos quais você se orgulhará.

É muito gratificante ensinar alguém que não sabia e vê-lo aprender com seus ensinamentos.

(Referências bibliográficas ao final do livro.)

> SER CRIATIVO É UMA CARACTERÍSTICA INERENTE AO SER HUMANO, QUE BUSCA POR INOVAÇÕES E PELO ATO DE INOVAR E CONHECER O NOVO.
>
> GERLIANE ALMEIDA

GÉSSICA FERNANDES

Sou Géssica Fernandes, natural e residente de Americana/SP, com a minha família, casada com Fernando Fernandes há 11 anos, e minha maior riqueza são minhas duas filhas, Ana Clara Fernandes e Maria Eduarda Fernandes.

Psicopedagoga, doutora em Neuropsicologia pela Saint Leo University Flórida, CEO da Escola de NeuroEducação Além da Lousa, que já impactou mais de 20 mil alunos em mais de 47 Municípios do Estado de São Paulo.

Apaixonada pela educação, acredito que boas práticas abrem oportunidades para a experimentação que são permanentes para nossa vida e de nossos alunos.

Estou no Instagram como @gessica.fernandes_ ou pelo insta da nossa escola @alem.dalousa, em que diariamente trocamos figurinhas para aprimorar nossas práticas, seja em sala ou na vida.

Seja um educador além da lousa!

gessica.fernandes

alem.dalousa

Além da LOUSA

10

EDUCAÇÃO NA INFÂNCIA

POR GÉSSICA FERNANDES

O desenvolvimento integral das crianças em seus primeiros anos de vida é fundamental para a construção de um futuro promissor, tanto para elas quanto para a sociedade em que estão inseridas. E essa educação não se limita apenas à aquisição de conhecimento acadêmico, mas engloba também o desenvolvimento social, emocional, físico e cognitivo.

A infância é um período de rápido crescimento e desenvolvimento. Durante esses anos formativos, as crianças aprendem a uma velocidade impressionante. A importância da educação na infância é um tema amplamente discutido e valorizado em diversas sociedades ao redor do mundo. Crianças absorvem como esponjinhas tudo em sua volta, informações e habilidades que servirão de base para todo o aprendizado futuro e para a vida, criando um alicerce sólido que prepara as crianças para o sucesso na escola e na vida. Estudos demonstram que crianças que participam de programas educacionais de qualidade nos primeiros anos têm melhores resultados escolares, maior nível de escolaridade e melhores oportunidades de emprego no futuro.

Este capítulo explora a importância dessas práticas pedagógicas e como elas contribuem para o desenvolvimento integral da criança.

As práticas pedagógicas na Educação Infantil devem ser embasadas em uma compreensão profunda do desenvolvimento infantil. Isso inclui **reconhecer que cada criança é um indivíduo único**, com seu próprio ritmo de desenvolvimento, interesses e maneira de aprender. Educadores **eficazes** utilizam uma abordagem centrada na criança, que promove a aprendizagem por meio da exploração, do brincar e da interação com o ambiente e com os outros.

"DEIXE ESSA CRIANÇA BRINCAR" — A importância do brincar

O brincar é uma prática pedagógica central na Educação Infantil, sendo reconhecido como um meio poderoso de aprendizagem e desenvolvimento. Por meio do brincar, as crianças desenvolvem habilidades linguísticas, cognitivas, sociais, emocionais e físicas. Elas aprendem a resolver problemas, a cooperar com os outros, a negociar e a experimentar diferentes papéis sociais. Portanto, ambientes educacionais que valorizam e promovem o brincar livre e estruturado estão apoiando o desenvolvimento integral das crianças.

"Deixe essa criança brincar" é mais do que um apelo à diversão; é um reconhecimento da importância vital do brincar no desenvolvimento infantil. O brincar não é apenas uma atividade recreativa; **é um meio fundamental pelo qual as crianças exploram o mundo**, compreendem e negociam seu lugar nele, desenvolvem habilidades sociais, físicas, emocionais e cognitivas e aprendem a lidar com seus sentimentos.

Esse é o chamado para reconhecer o brincar como um direito e uma necessidade fundamental das crianças. Promover oportunidades de brincadeiras ricas e variadas é essencial para o desenvolvimento saudável das crianças. Ao valorizarmos e incorporarmos o brincar na vida diária delas, estamos apoiando seu crescimento e preparando-as para se tornarem adultos saudáveis, criativos e socialmente competentes.

Metodologias ativas de aprendizagem: as metodologias ativas de aprendizagem, que incluem projetos, investigações, jogos educativos e atividades práticas, são essenciais nas práticas pedagógicas na infância. Essas abordagens promovem a autonomia da criança, incentivando-a a ser ativa em seu processo de aprendizagem. Ao envolver-se em atividades significativas e relevantes para suas vidas, as crianças desenvolvem um senso de curiosidade e entusiasmo pela aprendizagem.

A construção de ambientes de aprendizagem positivos: um ambiente de aprendizagem acolhedor, seguro e estimulante é crucial para o desenvolvimento e a aprendizagem da criança. Isso envolve não apenas a organização física do espaço, com materiais acessíveis e desafiadores, mas também a criação de uma atmosfera de respeito, cuidado e encorajamento. Educadores desempenham um papel vital na modelagem desse ambiente, estabelecendo rotinas que promovem a independência e oferecendo apoio emocional para as crianças.

A importância da parceria com as famílias: as práticas pedagógicas na Educação Infantil também envolvem a parceria com as famílias. O envolvimento dos pais e responsáveis no processo educacional enriquece a experiência de aprendizagem das crianças, proporcionando uma ponte entre os ambientes de casa e da escola. Comunicação aberta e colaboração entre educadores e famílias são essenciais para apoiar o desenvolvimento integral da criança.

Essa parceria proporciona à criança:

Consistência e continuidade: a parceria entre famílias e escolas proporciona uma experiência de aprendizagem mais coesa e consistente para as crianças. Quando os pais e educadores compartilham objetivos e abordagens educacionais, as crianças recebem mensagens consistentes tanto em casa quanto na escola, reforçando seu aprendizado e desenvolvimento.

Compreensão profunda da criança: educadores e pais têm perspectivas únicas sobre as crianças. Ao compartilhar observações e conhecimentos, eles podem obter uma compreensão mais completa das necessidades, interesses e desafios de cada criança, permitindo um apoio mais personalizado e eficaz.

<u>Enriquecimento do processo de aprendizagem</u>

Recursos e suporte ampliados: a colaboração entre a escola e a família pode enriquecer o ambiente de aprendizagem com uma variedade de recursos e experiências. Os pais podem contribuir com habilidades, conhecimentos e culturas únicas, enriquecendo o currículo e oferecendo aos alunos perspectivas diversificadas.

Envolvimento dos pais: estudos mostram que o envolvimento dos pais na educação de seus filhos está positivamente relacionado com melhores resultados educacionais. A participação ativa dos pais em atividades escolares, como leitura em casa, participação em eventos e voluntariado, aumenta o engajamento e o sucesso acadêmico das crianças.

<u>Benefícios socioemocionais</u>

Sentimento de pertencimento e segurança: quando as famílias estão ativamente envolvidas na vida escolar, as crianças sentem-se mais seguras e apoiadas. Isso fortalece seu senso de pertencimento e bem-estar, o que é crucial para o desenvolvimento socioemocional e a autoestima.

Modelagem de relacionamentos positivos: a colaboração entre pais e educadores serve como um modelo positivo de relacionamento interpessoal para as crianças. Aprender a comunicar-se de maneira eficaz, resolver conflitos e cooperar com os outros são habilidades valiosas que as crianças observam e aprendem por meio dessa parceria.

Desafios e estratégias

Comunicação eficaz: manter linhas de comunicação abertas e regulares é essencial. Isso pode ser facilitado por meio de reuniões de pais e mestres, boletins informativos, plataformas digitais e eventos escolares.

Respeito à diversidade: reconhecer e valorizar a diversidade das famílias é crucial. Isso envolve adaptar estratégias de envolvimento para acomodar diferentes estruturas familiares, culturas e necessidades.

A parceria entre famílias e escolas é, portanto, um componente ***vital*** da Educação Infantil. Ao trabalhar juntos, pais e educadores podem fornecer o suporte, a orientação e os recursos necessários para assegurar que cada criança alcance seu potencial máximo.

A infância é um período crítico de rápido desenvolvimento cerebral. As experiências durante este tempo têm um impacto profundo na arquitetura do cérebro e na formação das bases para o aprendizado, comportamento e saúde futuros. A qualidade desse ensino ajuda a garantir que todas as crianças tenham a oportunidade de desenvolver habilidades cognitivas, emocionais e sociais essenciais que servirão como alicerce para o sucesso na escola e na vida. A Educação Infantil não beneficia apenas as crianças individualmente; há benefícios significativos para a sociedade como um todo. A educação de qualidade nos primeiros anos de vida está associada a taxas mais baixas de criminalidade, menor dependência de programas de assistência social e melhor saúde geral. Esses resultados positivos traduzem-se em uma sociedade mais estável, produtiva e saudável.

Em suma, investir na Educação Infantil é uma estratégia poderosa para promover o bem-estar individual e coletivo, impulsionar o desenvolvimento econômico e construir uma sociedade mais justa e igualitária. Os benefícios de tais investimentos são sentidos não apenas pelas crianças que recebem a educação, mas por toda a sociedade, ao longo de várias gerações.

E as práticas pedagógicas na infância são fundamentais para estabelecer essas bases. Uma abordagem que valoriza o brincar, a exploração, as metodologias ativas e a construção de ambientes positivos de aprendizagem, juntamente com a parceria com as famílias, é essencial para promover o bem-estar e o sucesso das crianças. Investir na Educação Infantil é investir no futuro, garantindo que cada criança tenha a oportunidade de alcançar seu potencial máximo.

Sim, é direito da criança ter a oportunidade de alcançar seu máximo potencial. Esse princípio é amplamente reconhecido em diversas convenções internacionais sobre os direitos da criança, sendo o mais notável a Convenção sobre os Direitos da Criança da Organização das Nações Unidas (ONU), adotada em 1989. Esse tratado internacional estabelece uma ampla gama de direitos humanos para crianças e adolescentes, incluindo o direito à educação, à saúde, à proteção contra a violência e à participação na vida familiar e cultural, com o objetivo expresso de permitir que todas as crianças desenvolvam seu pleno potencial.

Ao garantir que as crianças tenham acesso à educação de qualidade, saúde, proteção e oportunidades para participação, estamos investindo não apenas no futuro de cada criança, mas no futuro da humanidade como um todo.

INVESTIR NA EDUCAÇÃO INFANTIL É INVESTIR NO FUTURO, GARANTINDO QUE CADA CRIANÇA TENHA A OPORTUNIDADE DE ALCANÇAR SEU POTENCIAL MÁXIMO.

GÉSSICA FERNANDES

GLAUCIA ROQUE ROCHA PIO

Sou Glaucia Roque Rocha Pio, casada e mãe do Francisco.

Formada em Matemática, iniciei a carreira docente em 2001 atuando como professora, coordenadora de Escola, coordenadora de Matemática e atualmente exerço a função de coordenadora de equipe curricular do Núcleo Pedagógico da Diretoria de Ensino Região de Americana.

Também tenho formação em Pedagogia e pós-graduação em Álgebra Linear e em Modelagem Matemática. Estou cursando Coaching Educacional e Transtorno do Espectro Autista (TEA).

Nessa jornada na educação superei muitos desafios pessoais e profissionais e a partir de todo conhecimento e autoconhecimento adquiridos sigo procurando fazer a diferença, ser exemplo e ajudar as pessoas.

glau_pio

+55 (19) 99262-0725

glau.pio@gmail.com

Além da LOUSA

11

UMA JORNADA PELA INCLUSÃO

POR GLAUCIA ROQUE ROCHA PIO

Em minha trajetória, desde o Ensino Médio busquei a educação. Cursei Magistério e logo depois fui para a universidade estudar licenciatura e pós-graduação. Sempre trabalhei na área administrativa até dar o passo mais importante, que foi iniciar a carreira como professora, na qual sigo até hoje estudando e trabalhando. Em minha formação e trabalhos realizados sempre tive a oportunidade de aprofundar meus estudos, pesquisar e trabalhar na prática as diversidades que o campo da educação especial apresentava.

Ao longo da história, temos registros de o quanto as pessoas com deficiência foram rotuladas, descritas como pessoas com doenças provocadas pelos maus espíritos, escondidas do convívio social. Somente a partir do século XV, época do Renascimento, começa uma mudança de olhar e os primeiros passos são dados em relação aos cuidados e proteção às pessoas com deficiência. Em nosso país conhecemos muitas histórias de pessoas escondidas, inclusive em sanatórios, tiradas do convívio familiar, por serem portadoras de alguma deficiência num período não tão longínquo do que vivemos hoje.

No Brasil, a educação inclusiva tem um histórico relativamente curto, desde 1961 até os dias de hoje. A Lei Brasileira de Inclusão chega somente em 2015, após o lançamento do Plano Nacional de Educação, em 2014, que prevê.

> Universalizar, para a população de 4 a 17 anos com deficiência, transtornos globais do desenvolvimento e altas habilidades ou superdotação, o acesso à educação básica e ao atendimento educacional especializado, preferencialmente na rede regular de ensino, com a garantia de sistema educacional inclusivo, de salas de recursos multifuncionais, classes, escolas ou serviços especializados, públicos ou conveniados (Brasil, 2014, *on-line*).

Então, pensar em Educação Especial e Inclusiva é algo muito recente historicamente, e estudar sobre as deficiências, sua diversidade, neurodiversidade e sobre como colocar em prática essa inclusão também é muito novo.

Em 2015, o ano em que meu filho nasceu, passa a vigorar a lei nacional de inclusão. Essa lei passa a ser uma das garantias no decorrer da caminhada por uma inclusão real, em especial, na área da educação.

Isso deu início a muitas discussões, estudos, que trazem esclarecimentos, suportes e apoios, mas a busca diária para a melhoria na qualidade de vida das pessoas com deficiência é enfrentada sem que a maioria da população tome consciência. Somente quando aparecem algumas campanhas sobre esclarecimentos para a sociedade, ou se conhece alguém que possui um filho com deficiência é que as pessoas começam a se envolver.

Somos uma dessas famílias, considerada atípica, aprendemos diariamente com a neurodiversidade, com o espectro autista, com a adaptação e rotina das terapias, em compreender e saber agir corretamente, nos momentos desafiadores e cuidar da melhor forma possível, para que tenhamos nossos direitos preservados.

Nosso desafio teve início quando nosso filho, com 1 ano e meio aproximadamente, quase não falava nenhuma palavra em relação aos coleguinhas do maternal, e buscamos ajuda médica, de pediatras, neuropediatras, entre outros profissionais da saúde, que logo indicaram especialistas como os da fonoaudiologia, e começamos as terapias para melhoria da fala. Nas sessões de fonoaudiologia já havia indícios de que precisaria de mais apoio e logo começamos a terapia ABA, que veio a ser o grande diferencial nos avanços de comportamento. Tivemos o privilégio de contar com todos esses profissionais semanalmente desde então, facilitando o avanço diário no desenvolvimento de nosso pequeno.

Depois de consultarmos muitos neuropediatras, realizar diversos exames e passarmos por uma avaliação da psicóloga ABA, chegamos ao tão buscado diagnóstico, estar dentro do espectro autista.

Esse transtorno é visto como uma condição que altera o neurodesenvolvimento da pessoa autista. Assim, prejudica a organização de pensamentos, sentimentos e emoções, o que compromete a comunicação e a interação social do indivíduo. O termo "espectro" foi inserido ao transtorno autista em 2013, por conta da diversidade de sintomas e níveis que as pessoas apresentam. Cada indivíduo autista tem seu próprio conjunto de manifestações, pode apresentar comorbidades tornando-o único dentro do espectro, mesmo estando dentro de um mesmo nível.

O Centro de Controle e Prevenção de Doenças (CDC), uma agência do Departamento de Saúde e Serviços Humanos dos Estados Unidos, divulgou em 2021, um aumento nos registros de crianças autistas, devido aos diagnósticos mais rápidos e precisos. Hoje, no mundo, 1 em cada 36 pessoas são autistas, entre crianças, adolescentes e adultos (CDC, 2023, *on-line*). E esses dados são utilizados em nosso país.

Com o laudo definitivo do transtorno do espectro autista em mãos, intensificamos as terapias e procuramos auxílio na escola regular para o nosso pequeno.

Enfrentamos muitos desafios na inclusão escolar, experienciamos todas as dificuldades apresentadas nas adaptações, tanto na permanência como no desenvolvimento de atividades e estímulos que precisam ser realizadas dentro de uma escola, tivemos algumas recusas de matrícula devido ao laudo e passamos por cerca de quatro escolas. As adaptações, adequações e atendimentos ainda estão caminhando, mas muitos profissionais precisam ser formados e treinados para lidar com a neurodiversidade. Além disso, muitas crianças, mesmo com todo o suporte ofertado atualmente, não conseguem se adaptar ao ambiente escolar.

O maior apoio e atendimento recebidos pelo nosso filho foi em escola pública, da rede estadual, na qual os profissionais capacitados e orientados conseguiram um pequeno avanço na adaptação em entrar, permanecer dentro do ambiente escolar e seguir alguns comandos. Com salas de recursos adaptadas para atividades diversificadas, voltadas para as habilidades já adquiridas por ele e apoio ao aluno com deficiência (cuidador), foi possível um pequeno avanço, mesmo assim nosso filho não aceitava frequentar a escola regular, apresentando uma rigidez cognitiva constante com estereotipias, muitas crises e regredindo muitas vezes na fala, transitando dentro dos níveis do espectro, por conta do nervosismo e estranhamento ao ambiente escolar.

Após cerca de um ano nessas idas e vindas nas escolas particulares e públicas regulares de nossa cidade, muitas vezes não conseguindo sequer adentrar o ambiente escolar, decidimos tentar uma escola especializada, por nosso filho já estar com oito anos e precisar ter ao menos a interação com as demais crianças de sua faixa etária.

Então, tivemos a oportunidade de consultar e solicitar uma avaliação e a tentativa de incluí-lo na escola de autistas, que oferecem atendimento educacional especializado. Passamos por todas as avaliações, entrevistas, entregamos todos os exames, documentação necessária e depois de muita expectativa, conseguimos uma vaga. Foi a maior conquista para nossa família e para nosso pequeno, que desde o primeiro dia passou a frequentar se sentindo acolhido, cuidado e seguro dentro do ambiente com as demais crianças.

É importante ressaltar que existe muita resistência por parte da sociedade em aceitar e entender a escola especializada, mas existem crianças com vários tipos de deficiências, que não se encaixam nas escolas regulares, mesmo tendo o suporte necessário para o seu desenvolvimento. Muitos nos criticaram por sermos educadores e estarmos sendo capacitistas, um termo muito usado para descrever o preconceito, a discriminação contra pessoas com algum tipo de deficiência, julgando a capacidade de se desenvolver, de ter habilidades para se adequar. A sociedade precisa compreender melhor os conceitos e suas ramificações dentro de cada tipo de deficiência e conhecer as escolas que prestam assistência gratuita e lutam pelos direitos da pessoa com deficiência, que acolhem e auxiliam no seu desenvolvimento e de suas respectivas famílias.

Segundo Lorna Wing (1928-2014), médica psiquiatra inglesa conhecida por seus estudos sobre autismo: "Temos que ver cada criança como indivíduo; para ajudar-lhes temos que entender todas as suas habilidades, condutas e emoções" (Wing, 2015, *on-line*).

O respeito à pessoa com deficiência deve ser prioridade. É preciso realizar as buscas necessárias para que essas pessoas se sintam protegidas e felizes e, ainda, tenham condições de se desenvolver tranquilamente e com confiança. Temos um público muito vasto dentro dos diversos tipos de deficiências e muitas famílias lidam com esses desafios tanto maiores como menores como o que relato aqui. Sabemos que muitas famílias ainda viverão essa realidade e desejamos que tenham apoio e orientação corretas para seguir um caminho de evolução com seus filhos.

Nosso pequeno será alfabetizado no tempo dele, está aumentando seu vocabulário nas conversas, conhece as letras e os números, já consegue ler algumas palavras, os avanços têm chegado semana a semana e essa diferença em sua formação como indivíduo e como estudante é o que nos move.

Estudamos continuamente sobre educação inclusiva, sobre as deficiências, em destaque sobre o autismo, porém a experiência de ver a alegria de um filho, sua evolução, sem sofrimento, fazendo festa a cada dia que verbaliza que quer ir a "*terapia ecola*" é o melhor presente que podemos receber.

Seguiremos divulgando e auxiliando sobre a inclusão com consciência e respeito ao indivíduo, dentro de uma unidade escolar ou fora dela. Desejando que mais pessoas entrem nesse engajamento para fortalecer a educação como um todo.

Continuamos tendo desafios diários, sim, cada dia é um dia diferente, alguns bons e outros nem tanto, mas como diz Paulo Freire (1992, p. 110-111), "Esperançar é se levantar, esperançar é ir atrás, esperançar é construir, esperançar é não desistir! Esperançar é levar adiante, esperançar é juntar-se com outros para fazer de outro modo", por isso seguimos sempre em frente, fazendo a diferença, aceitando os desafios, compreendendo a caminhada e agradecendo a cada avanço conquistado.

(Referências bibliográficas ao final do livro.)

> O RESPEITO À PESSOA
> COM DEFICIÊNCIA DEVE SER
> PRIORIDADE. É PRECISO REALIZAR
> AS BUSCAS NECESSÁRIAS PARA
> QUE ESSAS PESSOAS SE SINTAM
> PROTEGIDAS E FELIZES.

GLAUCIA ROQUE ROCHA PIO

LAÍS GODOY

Olá! Eu me chamo Laís Godoy, sou natural de Suzano/SP e resido atualmente na cidade de Osasco/SP, ao lado do meu esposo Victor João.

Sou formada em Pedagogia pela Universidade Paulista e atuo há oito anos na área da Educação. Ver o brilho nos olhos das crianças ao transmitir os conteúdos e testemunhar seu progresso motivou-me a ir além das limitações do ensino entre quatro paredes. Então, recentemente, fiz uma transição integral para me dedicar como designer de recursos pedagógicos.

Acredito que o poder da educação vai além da sala de aula, e minha missão é capacitar professores com ferramentas inovadoras para alcançar o máximo potencial de seus alunos.

laisgodoy_pedagogia

+55 (11) 94752-6018

laisgodoy.pedagogia@gmail.com

Além da LOUSA

12 GAMIFICAÇÃO COMO FERRAMENTA ESSENCIAL NA EDUCAÇÃO

POR LAÍS GODOY

O conhecimento e os dados globais estão aumentando exponencialmente e esse fato está intimamente relacionado à Era Digital em que vivemos. Richard Buckminster Fuller, nos anos 1980, ilustrou a rapidez dessa mudança, quando desenvolveu o conceito da "Curva de Duplicação de Conhecimento". Ele pontuou que, para que o conhecimento da humanidade dobrasse pela primeira vez, foram necessários 1500 anos. Na segunda vez, levou 250 anos. Após a 2ª Guerra Mundial, esse tempo foi reduzido para 25 anos. Atualmente, estima-se que o conhecimento duplique a cada 12 horas.

O progresso da era digital e a disseminação da tecnologia têm modificado consideravelmente os costumes e comportamentos das pessoas em seu dia a dia. Essa transformação é evidente especialmente entre os jovens, que demonstram estar intimamente familiarizados com essas mudanças tecnológicas.

Uma das mudanças de comportamento observada frente a esse cenário é o desafio cada vez maior de envolver os alunos em atividades de aprendizado. Com isso, tornou-se necessário pensar novas estratégias metodológicas para auxiliar nesse processo. A utilização de jogos educacionais ou o uso de seus elementos por meio da gamificação destacam-se nesse contexto.

Antes de entrarmos na gamificação propriamente dita, vamos olhar mais a fundo como o comportamento das pessoas vem mudando ao longo das gerações e como isso tem relação direta com a forma de aprenderem.

O comportamento dos indivíduos é diretamente influenciado pelos acontecimentos históricos, culturais, políticos e socioeconômicos. Cada época carrega consigo sua identidade, sendo marcada por acontecimentos que influenciam o contexto de vida, a visão de mundo, a conexão entre as pessoas que nasceram e vivenciaram determinado período, assim como o modo que aprendem, trabalham e consomem.

Muito provavelmente você já ouviu falar da geração *Baby Boomers*, X, Y ou *Millennials*, Z ou geração Alpha. Uma pesquisa feita pela Fatec-SP em meados de 2021 apontou que cada geração apresenta atributos próprios e formas distintas de adquirir o conhecimento. Sua relação com a tecnologia também é diferente, impactando diretamente na seleção de ferramentas para aprendizagem.

Os *Baby Boomers* (nascidos entre 1940 e 1960), por exemplo, tendem a preferir métodos tradicionais de aprendizagem, como aulas presenciais e materiais impressos. A geração X (nascidos entre 1961 e 1980) valoriza a autonomia e a flexibilidade, buscando aprender de forma independente e adaptável. Os *Millennials* (nascidos entre 1981 e 1995), conhecidos por sua familiaridade com a tecnologia, tendem a preferir recursos digitais e interativos, além de valorizarem o aprendizado colaborativo. Já a geração Z (nascidos entre 1996 e 2010), que surgiu em meio à era digital, é altamente conectada e prefere métodos de aprendizagem que sejam rápidos, visuais e práticos, frequentemente utilizando recursos *on-line* e mídias sociais. A geração Alpha (nascidos desde 2010) por sua vez compõe-se por crianças nascidas a partir do início do século XXI, e vem crescendo em um ambiente altamente tecnológico desde o início de suas vidas. Como resultado, elas tendem a ser ainda mais proficientes no uso de tecnologia do que as gerações anteriores.

Para as gerações mais recentes, podemos observar que a aprendizagem é frequentemente centrada na tecnologia, com recursos digitais e interativos desempenhando um papel significativo em seu desenvolvimento educacional. Eles valorizam a instantaneidade, a interatividade e a personalização no processo de aprendizagem, preferindo métodos que sejam envolventes. Essas diferenças destacam a importância de adaptar as estratégias educacionais para atender às necessidades e preferências de cada geração.

Você consegue entender como o cenário é dinâmico quando se trata da sociedade? Ela entrelaça as gerações, trazendo diferentes perspectivas, experiências e, crucialmente, diferentes estilos de aprendizagem.

Não se pode negar que os alunos nascidos na era das tecnologias digitais demonstram comportamentos distintos em comparação com as gerações que não tinham acesso a esse vasto conjunto de informações instantâneas. Os métodos de ensino que eram utilizados por gerações passaram rapidamente a parecer monótonos para os alunos, deixando as escolas em descompasso com o novo perfil de estudantes que estão constantemente conectados em seus dispositivos. Marc Prensky aborda esse assunto e destaca uma grande descontinuidade na evolução, dizendo:

> Nossos alunos mudaram radicalmente. Os alunos de hoje não são os mesmos para os quais o nosso sistema educacional foi criado. Os alunos de hoje não mudaram apenas em termos de avanço em relação aos do passado, nem simplesmente mudaram suas gírias, roupas, enfeites corporais, ou estilos, como aconteceu entre as gerações anteriores. Aconteceu uma grande descontinuidade. Alguém pode até chamá-la de apenas uma "singularidade" – um evento no qual as coisas são tão mudadas que não há volta. Esta então chamada de "singularidade" é a chegada e a rápida difusão da tecnologia digital nas últimas décadas do século XX. (Prensky, 2001, p. 1)

Pensando nessa perspectiva, vemos que manter o foco dos estudantes e incentivá-los a se dedicarem aos estudos está mais desafiador do que nunca, especialmente devido à constante influência da tecnologia. Como, então, inspirar os alunos a se engajarem nos estudos, considerando que chegam à escola já inundados com informações trazidas principalmente de seus *smartphones*? É aí que a Gamificação entra! Mas você sabe o que é gamificação? Não?! Então vamos partir do início.

A gamificação, também conhecida como *gamification* em inglês, consiste em aplicar estratégias típicas de jogos em atividades cotidianas, visando elevar o nível de envolvimento dos participantes. Em cada jogo, existe um objetivo a ser atingido, e, para isso, os jogadores precisam encarar desafios. A análise por trás da gamificação evidencia que a busca pela conquista e superação é uma força motivadora essencial para as pessoas.

Os fundamentos da gamificação foram estabelecidos pelo especialista em gamificação Yu-Kai Chou, um dos pioneiros dessa metodologia no mundo e um dos líderes nesse campo em escala global. O Octalysis é uma criação original concebida por ele que apresenta oito elementos essenciais que compõem os pilares da gamificação, oferecendo uma estrutura para entender e aplicar essa técnica de forma eficaz. Dentre eles encontramos: criar uma narrativa envolvente; estimular a sensação de progresso e conquista; incentivar a criatividade; enfatizar a importância de os participantes se sentirem proprietários do processo; reconhecer o impacto das interações; introduzir elementos de desafio e a urgência para manter os participantes motivados e envolvidos.

Essa abordagem já faz parte do nosso dia a dia mais do que imaginamos. Sabe quando vamos a uma cafeteria, sorveteira ou restaurante com frequência e eles nos entregam um "cartão-fidelidade"? Pois bem, estão usando o mecanismo de pontuação e recompensa da gamificação, como forma de gerar um engajamento e fidelização do seu cliente.

Quando trazemos esse conceito da gamificação para o processo de ensino/aprendizagem, buscamos fazer uso de mecânicas e dinâmicas de jogos, com o intuito de engajar os alunos, melhorar o aprendizado, oferecer aulas mais lúdicas e torná-los mais participativos, os envolvendo dinamicamente para que sejam plenamente desenvolvidos em seus mais diversos aspectos. O potencial da gamificação na educação é vasto, uma vez que promove o desenvolvimento de competências socioemocionais que são cruciais para o aprendizado. Sendo uma ferramenta cativante para os estudantes, a gamificação aproveita os comportamentos naturais humanos, como a competitividade, a socialização, o desejo de reconhecimento pelo esforço e a sensação de conquista.

Podemos visualizar esses elementos de forma prática na aula "mais esperada da semana" para a criançada. Quem aí já ouviu a frase "Minha aula favorita é a de Educação Física!"?. Tenho certeza de que você já escutou isso de um aluno, ou até mesmo falou isso em sua época da escola. Pensando nesse contexto, você já parou para analisar por que as crianças gostam tanto dessa aula? As aulas de Educação Física trazem elementos da gamificação. Ao incorporar elementos de competição, desafios e recompensas, essa aula torna-se ainda mais envolvente e motivadora.

Podemos expandir essa ideia para outras áreas do ensino, aproveitando-se de uma variedade de ferramentas tecnológicas disponíveis. Assim como os jogos e desafios tornam as aulas de Educação Física mais atrativas, plataformas como o Kahoot! e o Wordwall podem ser integradas em diferentes disciplinas para enriquecer a experiência de aprendizado. Com essas tecnologias, é possível criar questionários interativos, competições em tempo real e atividades lúdicas que incentivam a participação ativa dos alunos, transformando o ambiente de aprendizado em algo estimulante e colaborativo. Essa abordagem não só aumenta o engajamento dos alunos, mas também os motiva a aprimorar suas habilidades de forma interativa e divertida.

As gerações e a forma de aprender mudaram, e a gamificação veio para ajudar você a construir uma aprendizagem que vai para além da lousa. Para alguns pode parecer uma realidade distante aplicar essa metodologia em sala de aula, seja por falta de tempo ou de conhecimento, porém ela está mais próxima do que você imagina. Assim como eu, há diversos profissionais da educação que dedicam suas energias e habilidades à criação de recursos pedagógicos inovadores, com o objetivo de promover uma metodologia de ensino mais ativa e envolvente.

Sabemos que essas contribuições não apenas enriquecem o ambiente educacional, mas também moldam o futuro de gerações, capacitando os alunos a enfrentarem os desafios do mundo em constante evolução. Por meio do esforço coletivo e apaixonado, de nós educadores, estamos construindo um cenário no qual a aprendizagem torna-se não apenas uma experiência, mas uma jornada de descoberta e crescimento contínuo.

(Referências bibliográficas ao final do livro.)

> AS GERAÇÕES E A FORMA DE APRENDER MUDARAM, E A GAMIFICAÇÃO VEIO PARA LHE AJUDAR A CONSTRUIR UMA APRENDIZAGEM QUE VAI PARA ALÉM DA LOUSA.

LAÍS GODOY

LORENA RUIZ

Sou Lorena Ruiz, mãe da Olívia, empresária, professora e mentora de professores.

Sou engenheira de formação, mas nunca me encontrei nessa área. Por um tempo senti-me frustrada por não encontrar meu caminho, até que conheci a área da educação.

No primeiro momento em que coloquei os pés em uma sala de aula, dessa vez como professora, eu percebi que tinha encontrado meu lugar. Sou formada em Engenharia Civil, Pedagogia e estou atualmente cursando minha terceira pós-graduação. Sou fundadora da plataforma de formação continuada para professores Aula Nota Dez. Também faço acompanhamento de carreira de professores que buscam empreender na *internet*. Já formei mais de quatro mil professores nas minhas plataformas digitais.

Compartilho minha rotina de professora de forma leve e divertida. Você pode me encontrar no Instagram:

lorenaruizfernandes

www.aulanotadez.com.br

Além da LOUSA

13

OS PILARES DE UMA AULA ENCANTADORA

POR LORENA RUIZ

Eu não escolhi ser professora logo de primeira

A docência para mim não veio desde cedo. Não foi um chamado ou uma vocação. Não escolhi ser professora "por amor" como a sociedade muitas vezes impõe que façamos. Eu realmente **escolhi** ser professora e fiz isso no momento certo para mim. O fato de ter entrado nesse universo mais tarde também mudou muito meu olhar sobre vários aspectos que vamos abordar por aqui.

Pedagogia foi minha segunda graduação e, quando eu me vi no lugar de professora, já sabia que faria diferente.

Eu tive muitas experiências com professores que marcaram muito minha infância e adolescência. Alguns professores marcaram-me de forma positiva, mas muitos professores marcaram-me de forma negativa.

Vamos fazer um exercício.

Eu quero que você tente se lembrar de algum professor que teve ou alguma situação que vivenciou em sala de aula. Separe alguns instantes para voltar no tempo e se permitir reviver esses momentos.

Agora reflita: a situação que veio à sua cabeça foi uma memória boa ou uma memória ruim? Marcou você de forma positiva ou negativa?

Eu realmente espero que você tenha se lembrado com carinho de algum professor que lhe marcou positivamente. Infelizmente, quando eu faço essa reflexão, tenho algumas recordações não tão positivas que chegam primeiro à memória.

Quando eu decidi me tornar professora, eu já sabia que queria ser aquela professora que os alunos se lembrarão com carinho daqui muitos anos. Não estou dizendo que é possível ser a "professora perfeita", mas com certeza podemos repensar nossas práticas para tentar ser a nossa **melhor versão em sala de aula**.

A realidade das salas de aula no Brasil nem sempre (ou quase nunca) favorecem o professor. Sei das dificuldades que passamos e, por isso, tudo que vou abordar aqui é baseado na minha experiência e realidade, podendo servir de inspiração para que outros professores possam refletir e adaptar para o próprio contexto.

Vamos lá?

O que torna uma aula diferente? Como podemos sair de uma aula "tradicional" para uma aula encantadora?

Na verdade, não existe uma **única atitude** que vai fazer com que sua aula se torne especial, logo você vai entender isso.

Primeiro de tudo, vamos refletir sobre estes dois cenários aqui:

Cenário 1 - A **melhor** escola do mundo, com os melhores recursos tecnológicos, ambiente moderno, a mais completa de todas. Logo chega para dar a aula, segurando o *notebook* mais potente de todos, **o professor mais desinteressado da face da terra**.

Cenário 2 - A sala de aula mais simples de todas, sem recursos tecnológicos, que contém **somente o essencial**. Chega para dar a aula **o professor mais interessado e dedicado do mundo**, segurando apenas uma caneta e uma folha de papel.

Qual aula você acha que vai ser "melhor"?

Essa reflexão nos mostra o papel do professor na vida dos alunos. Mesmo sem recursos e muitas vezes mesmo sem qualquer tipo de suporte, professores fazem verdadeiros milagres quando querem impactar seus alunos. O que eu quero mostrar aqui é bem isso, que quando temos vontade de fazer a diferença, não precisamos de muito. Não é porque a escola não lhe dá recursos que sua aula não pode ser simplesmente incrível. **Quem faz a aula se tornar encantadora é o professor**.

Quando o professor senta para fazer seu planejamento, o foco muitas vezes está no conteúdo. Sim, nosso objetivo é ensinar, mas só "despejar" a teoria nos alunos pode trazer consequências que dificultam muito toda a dinâmica em sala de aula.

Um bom professor tem uma boa gestão de conteúdo, sim. Precisamos ter domínio daquilo que vamos ensinar e precisamos saber como fazer isso. Mas sem levar em consideração os outros pilares fundamentais de uma boa aula, podemos "perder" nossos alunos durante a aula.

Enviei uma pesquisa para um grupo de professores perguntando qual era a maior dificuldade que eles enfrentavam na rotina escolar. Você arrisca dizer qual foi a resposta mais comum?

A **indisciplina** dos alunos.

Agora vamos analisar: O que faz uma turma se tornar **indisciplinada**?

A falta de interesse no assunto; a falta de vínculo com o professor; as atividades desinteressantes; as explicações extensas; as aulas sem ritmo etc.

O comportamento da sua turma pode ser uma resposta ao formato da sua aula. Ajustando a estrutura do seu planejamento, muitas coisas podem mudar, inclusive a maneira como seus alunos lhe tratam e encaram sua disciplina. Quando o aluno está envolvido em uma boa aula, dificilmente ele vai apresentar um comportamento considerado "inadequado".

Vamos falar sobre esse vínculo que mencionei anteriormente.

Esse é o pilar da conexão

A chance de um aluno aprender mais é muito maior quando ele gosta do professor. E a chance dele respeitar mais você também aumenta. Claro que em alguns momentos, nem mesmo a boa relação segura uma explosão de sentimentos. Mas aí cabe ao professor se lembrar: **quem é o adulto da sala de aula? É o professor.**

Crianças podem perder o controle de suas emoções, não leve tudo para o pessoal.

Você já deve ter escutado de alguém: "Ah... não pode dar liberdade e entrar sorrindo porque você vai perder sua autoridade com eles, precisa entrar com tudo."

Eu já escutei muito isso. Mas não confunda: **você não precisa ser permissivo para ser um professor afetuoso** com os alunos. Também não precisa ser autoritário para exercer sua autoridade. Tudo é questão de **equilíbrio**.

Permita-se "perder" alguns instantes da sua aula para conversar com os alunos, para entender do que eles gostam e saber mais sobre eles. Crie

vínculos e escute com atenção, você vai perceber a diferença que isso vai fazer ao longo do ano.

A **afetividade** tem uma grande importância na educação e a relação entre aluno e professor terá um impacto significativo na forma como o aluno internaliza e adquire novos conhecimentos. Se optarmos por focar apenas no aspecto cognitivo, estaremos privando nossos alunos de atingirem seu potencial máximo e desenvolverem-se de forma integral.

Conexão estabelecida? Agora vamos ao próximo pilar.

Você sabe qual é o seu propósito com aquela aula? Parece óbvio que precisamos saber o que queremos alcançar antes de traçar o caminho que nos leva até lá, certo? Mas muitos professores não param para pensar nos objetivos da aula antes de preparar o planejamento.

Esse é o pilar do propósito

A palavra-guia desse pilar é a **intencionalidade**. Sem conteúdos soltos, irrelevantes ou desconexos. Você precisa saber qual é o objetivo de cada etapa da sua aula.

É claro que, em certos momentos, você vai sair do previsto e, dependendo do caso, isso é indicado e importante, mas, de forma geral, você precisa ter intenção em todos os passos da sua prática.

Sabe por que os alunos não ficam interessados no tema proposto? Porque eles não foram introduzidos ao assunto de **forma cativante**. Não é só sobre aprender algum tema, mas o porquê aprender aquele conteúdo, como aquilo vai ajudar na vida real daquele aluno, exemplos práticos etc.

Hoje em dia todos os conteúdos estão disponíveis na *internet*, reflita sobre o que você vai fazer para que a sua aula se torne **única e especia**l! Quais exemplos você vai dar? Qual "detonador" você vai usar para despertar o interesse da turma logo de cara?

E o que é esse "**detonador**"? É aquele primeiro momento que vai prender a atenção dos alunos. É um fato marcante, uma estatística, uma imagem impactante, uma frase, um texto, um trecho de filme, uma reflexão, um som etc. É um primeiro momento que vai **despertar o interesse da turma** e abrir contexto para o tema central da sua aula.

Não importa o formato: aula expositiva; aula de projetos; aula invertida etc. Você precisa ter uma boa gestão do conteúdo e saber dar **ritmo** à sua aula.

Esse é o pilar do ritmo

Eu gosto de pensar que minha aula não é um "bloco de conteúdo". Eu gosto de organizar **momentos** dentro da estrutura do meu planejamento. Quais momentos podem estar presentes dentro da aula? O momento introdutório, sondagem, teoria, prática, discussão, avaliação, a criação etc.

Não existe uma fórmula que você vai seguir todos os dias, independentemente do tema. É preciso entender que **aula sem ritmo não encanta**.

A maneira como você começa a sua aula vai ditar o ritmo de tudo que vem na sequência.

Alguns pontos para avaliar: sua postura ao entrar; a troca com os alunos antes do início efetivo da aula; a rotina que estabelece com a turma; a comunicação do conteúdo que vai ser apresentado; a maneira como aborda o conteúdo.

Separe momentos para concentração, para aplicação, para discussão, para prática, para dúvidas e para avaliação. Não espere que a turma fique uma hora em silêncio escutando você, **dê ritmo ao processo**.

Investigue o comportamento dos alunos. Como assim? Busque sinais de que estão compreendendo ou de que estão interessados no que está sendo apresentado. Isso pode ajudá-lo(a) a melhorar nas próximas aulas.

Ande pela sala. Não fique parado no mesmo lugar a aula toda. Observe o que está acontecendo, se os alunos estão participando, se estão realizando as atividades propostas, se estão anotando. Observe.

Um(a) bom(a) professor(a) precisa saber aonde quer chegar, como vai fazer isso e ainda despertar o interesse dos alunos para levá-los com ele(a) nessa jornada. Não se trata de uma única estratégia para tornar sua aula encantadora, mas um conjunto de pequenas atitudes que fazem toda a diferença.

Aqui falamos dos pilares da **conexão**, ou seja, da afetividade que construímos com os alunos. Falamos também do pilar do **propósito**, ou seja, da intencionalidade com as nossas práticas. E, por fim, falamos do pilar do **ritmo**, que é sobre a maneira como organizamos os momentos da nossa aula.

Diante de tudo isso, uma questão essencial apresenta-se a cada vez que planejamos uma aula: **ela seria capaz de despertar meu interesse se eu fosse o(a) aluno(a)?** Reflita.

> O COMPORTAMENTO DA SUA TURMA PODE SER UMA RESPOSTA AO FORMATO DA SUA AULA.
>
> LORENA RUIZ

LUCIANA AQUINO

Olá! Sou Luciana Aquino, nascida no Rio de Janeiro/RJ, filha de Antonio e Noemia e mãe do Felipe.

Aos meus pais, gratidão por tudo o que fizeram por mim!

Especialista em Desenvolvimento Socioemocional e Comportamental, Master KidCoach, consultora educacional, palestrante e escritora.

Atualmente, trabalho realizando treinamento de professores, *workshops*, palestras e atendimentos de famílias, orientando sobre como os inúmeros desafios enfrentados diariamente podem ser modificados para a construção de relacionamentos familiares mais harmoniosos e equilibrados.

Por meio da minha missão, auxilio de forma voluntária crianças e famílias da Cidade de Deus e em dezembro realizo a Campanha Natal Solidário, ação muito especial para todos que participam!

Sou vegetariana e ativista da causa animal.

lucianaaquino_

acoespositivas

+55 (21) 98168-6221

Luciana Aquino

Além da LOUSA

14

EDUCAÇÃO PARA A CIDADANIA GLOBAL

POR LUCIANA AQUINO

Este capítulo traz uma proposta de reflexão sobre nosso papel no mundo.

De que maneira podemos colaborar para a construção de um mundo melhor, mais justo e sustentável? É no despertar da consciência sobre o nosso papel no mundo que inspiramos positivamente toda a sociedade para que a transformação aconteça!

Quando falamos em educação, o primeiro pensamento que temos é sobre o que aprendemos na escola, as matérias que estudamos, a sala de aula, os professores e colegas de classe.

E quando falamos em Educação para a Cidadania Global (ECG), no que você pensa?

A Educação para a Cidadania Global tem como objetivo contribuir para a formação de pessoas responsáveis, conhecedoras de seus direitos e deveres, que sabem respeitar o próximo, praticando a empatia, que são conscientes de que suas ações e seus comportamentos têm consequências no mundo e que isso impacta no modo como vivemos.

> Para a Unesco (2015, p. 45), a Educação para a Cidadania Global (ECG) desenvolve os conhecimentos, as habilidades, os valores e as atitudes de que os alunos necessitam para construir um mundo mais justo, pacífico e sustentável, bem como para florescer como cidadãos globais no século XXI. A ECG estimula as pessoas a se engajarem de forma eficiente, fomentando o respeito à diversidade, contribuindo para uma sociedade ativa e formando cidadãos autônomos e responsáveis em suas comunidades, em seus países e no Mundo.

Atualmente, a humanidade enfrenta inúmeros desafios, entre eles podemos citar as questões ambientais, o desmatamento, as queimadas, o aquecimento global e a poluição, esses são alguns dos problemas que podem comprometer a vida no planeta Terra.

Encontrar soluções para essas questões não é tarefa fácil, mas é possível!

"A Carta da Terra" faz-nos um alerta importante e urgente sobre a **situação global** e as consequências da ação do homem no planeta:

> O que é a Carta da Terra?
>
> A Carta da Terra é um documento com dezesseis princípios que impulsiona um movimento global. Quando aplicada ao seu negócio, escola ou comunidade, ela começa a transformar a consciência em ação para que toda a vida na Terra possa prosperar. (A CARTA..., [s.d.], *on-line*).

Estamos vivendo tempos difíceis, muitos falam sobre "um mundo melhor" no futuro, mas a realidade é que, se nada for feito agora, o futuro da humanidade estará comprometido.

A palavra **transformação** termina com **ação**, isso quer dizer que depende de nós arregaçarmos as mangas e trabalharmos juntos para que nossas ações tenham impacto positivo na esfera global.

Desenvolver a Educação para a Cidadania Global nas escolas é fundamental para o despertar da consciência dos estudantes com o intuito de promover a cooperação para o bem comum, sendo agentes de mudança nas questões mais urgentes.

Ao introduzir a ECG em sala de aula, destaca-se o conceito de que somos cidadãos do mundo. Assim, é necessário romper as barreiras geográficas, compartilhar ideias com outras culturas, trocando conhecimentos para a solução das questões que necessitam de atenção. Conhecer quais são os problemas, permite ações positivas que sejam transformadoras de modo a colaborar para a mudança que desejamos.

A escola tem papel importante na construção de cidadãos globais, pois os alunos, uma vez despertos e conscientes do seu papel no mundo, são capazes de influenciar e inspirar positivamente toda a sociedade para que a transformação social aconteça.

Segundo Jean Piaget (*apud* Menezes, [s. d.], *on-line*): "O principal objetivo da educação é criar pessoas capazes de fazer coisas novas e não simplesmente repetir o que as outras gerações fizeram."

Por que essa frase se enquadra perfeitamente na Educação para a Cidadania Global?

Esse pensamento faz-me lembrar da infância.

Desde criança sempre gostei de ajudar os outros, ser solidária, especialmente com os idosos, pessoas carentes e animais abandonados.

Certa vez, indo à padaria com minha irmã, encontramos um cachorrinho na rua, que parecia abandonado, levamo-lo para casa e pouco tempo depois o dono apareceu para buscá-lo. A intenção ao resgatar aquele animal era protegê-lo, cuidando com amor, carinho e responsabilidade. Naquela época, eu praticava o bem por instinto, um desejo do meu coração em ajudar quem precisava. Não tinha noção dos problemas em nível global.

Nos dias atuais, no espaço educacional, as crianças aprendem desde cedo sobre os problemas e desafios globais e sobre sua responsabilidade nas questões que envolvem justiça social, direitos humanos e sustentabilidade.

Esse despertar da consciência para a Cidadania Global é uma nova maneira de pensar para a transformação do ensino tradicional como forma de capacitar os alunos de todas as idades com valores que sejam capazes de desenvolver nesses indivíduos a prática da empatia e do respeito.

Algumas escolas já promovem esse despertar do que é **"ser um cidadão global"**, com a finalidade de desenvolver bons cidadãos para o futuro.

Desenvolver a Educação para a Cidadania Global nas escolas é fundamental para promover a cooperação dos estudantes visando o bem comum.

O professor precisa ser criativo para alcançar resultados e para isso deve estar conectado e atento ao que acontece no mundo, assim conseguirá definir o que é importante e urgente e transformar essas questões em atividades pontuais que despertem nos estudantes o desejo de agir e a iniciativa de encontrar soluções para o bem de todos.

Mas como podemos aplicar na prática esses conhecimentos?

No início do capítulo escrevi sobre a proposta de reflexão sobre nosso papel no mundo.

Neste momento, gostaria de compartilhar como pratico a cidadania global.

A essência do meu trabalho é transformar vidas!

Ao longo dos anos, a menina sonhadora cresceu e foi se conscientizando dos problemas sociais em sua comunidade. Auxiliava de forma aleatória nas questões que se apresentavam, como por exemplo a doação de alimentos e roupas para famílias carentes. O tempo foi passando e algo me incomodava internamente, pelo fato de ter consciência de tantos problemas e nada fazer de forma efetiva para ajudar a solucionar. Foi então que, em 2012, tomei a iniciativa de colocar a mão na massa e ir à luta para fazer a minha parte para um mundo melhor e mais justo.

Sempre amei os animais e foi por meio deles meu primeiro despertar para a solução de um problema que até os dias de hoje me entristece: o abandono e os maus-tratos. Há alguns anos, vi sobre uma caminhada e busquei mais informações, era o movimento Crueldade Nunca Mais. Nessa caminhada conheci pessoas da causa e tornei-me ativista pelos direitos dos animais, passei a atuar em campanhas de orientação que visam ao bem-estar desses seres pela adoção responsável, castração, vacinação e cuidados em geral. Essas ações levaram-me a receber na Câmara Municipal do Rio de Janeiro, em 2016, uma moção honrosa em louvor e reconhecimento pelo trabalho realizado na causa animal. Essa homenagem levou-me a participar de uma entrevista em um programa na rádio Mundial News FM, onde tive a oportunidade de falar sobre questões importantes ligadas ao tema.

Minha conexão foi tão intensa que despertei para uma alimentação vegetariana. Mas o que isso tem a ver com a Educação para a Cidadania Global? De acordo com a Sociedade Vegetariana Brasileira (SVB, 2024), a criação de animais para consumo é ambientalmente desastrosa, pois além de poluir o planeta, a pecuária tem outros impactos no meio ambiente, a atividade consome muita água, grãos para ração, combustíveis fósseis, pesticidas e emissão de CO2 na atmosfera. A campanha Segunda Sem Carne é uma forma de ajudar o planeta, os animais e a nossa saúde.

Em 2019, participei como voluntária da entrega de kits escolares na Cidade de Deus/RJ. O kit continha um atlas e a pessoa responsável pela doação explicou que este era justamente para que as crianças daquela comunidade tivessem a noção que o mundo vai muito além dos limites do lugar onde elas vivem.

Por meio do meu trabalho auxilio, de forma voluntária, crianças e famílias da comunidade Cidade de Deus/RJ. Realizo atendimentos a famílias e crianças, orientando sobre os inúmeros desafios dentro do universo familiar relacionados aos comportamentos, visando à modificação para a construção de relacionamentos familiares mais harmoniosos e equilibrados. As famílias aprendem sobre a importância de uma comunicação assertiva, uma criança que tem um bom diálogo com seus pais se sentirá segura e confiante.

Realizo uma campanha que se chama Natal Solidário, ela acontece em dezembro e tem como objetivo apadrinhar crianças com um kit contendo roupa, calçado e brinquedo. Essa ação é divulgada por meio de um movimento que criei chamado Ações Positivas por Um Mundo Melhor, que mobiliza pessoas de várias partes do país e também do exterior, as quais colaboram com a campanha de Natal e em outras ações, como a compra de material escolar e alimentos em determinadas situações.

Essas são apenas algumas ações que destaquei para mostrar que todos nós podemos fazer algo por um mundo melhor.

Quais são os resultados dessas ações?

Eu poderia passar horas aqui escrevendo, mas faltaria espaço. Os impactos positivos dessas ações estão na transformação de cada criança, cada família que é alcançada por esse trabalho, esse cuidado com o próximo, que ajuda a diminuir as desigualdades sociais. Pessoas transformadas transformam o ambiente em que vivem.

Antes de encerrar este capítulo, convido você a responder:

— O que é ser um cidadão global para você?

— E como você pratica a cidadania global?

— Qual é o seu papel no mundo?

— O que você tem feito para a construção de um mundo melhor, mais justo e sustentável?

Acesse minhas redes sociais e compartilhe comigo suas respostas. Será uma grande alegria!

Deixo aqui meu convite: venha conhecer meu trabalho. Acesse @acoespositivas e @lucianaaquino_.

(Referências bibliográficas ao final do livro.)

É NO DESPERTAR DA CONSCIÊNCIA SOBRE O NOSSO PAPEL NO MUNDO QUE INSPIRAMOS POSITIVAMENTE TODA A SOCIEDADE PARA QUE A TRANSFORMAÇÃO ACONTEÇA!

LUCIANA AQUINO

LUZIA CASSIANO

Sou Luzia Cassiano, natural de Lavras da Mangabeira/CE, resido em Juazeiro do Norte/CE, com minha abençoada família: meu esposo Pedro Magalhães, com quem sou casada há 23 anos, dois filhos maravilhosos, o Pedro Emerson, de 22 anos, e o Wandson Pietro, de 10 anos, e Maria Dilva, minha mãe.

Sou professora, pedagoga, gestora, licenciada no Ensino Superior, formadora, neuropsicopedagoga, neuropsicóloga e secretária escolar.

Sou apaixonada pela educação, durante minha trajetória plantei muitas sementes e as vi crescer, o mais incrível é reencontrá-las e saber que fiquei registrada em suas mentes como inspiradora. Deus é meu maior abrigo! Gratidão, Senhor, por tudo!

prof_luziacassiano

+55 (88) 99627-4830

+55 (88) 2141-3152

Luzia Cassiano

luziasaber@gmail.com

Além da LOUSA

15

EDUCAÇÃO PARA A PAZ

POR LUZIA CASSIANO

Desde criança, sempre sonhei com o dia de estar em uma sala de aula e, na minha infância, brincava de escolinha, e meu giz era o carvão do fogão a lenha da minha casa, e a minha lousa era o tambor de zinco em que eram guardadas as sementes colhidas da roça. Amava organizar esse cantinho para esse brincar e saía em busca de alunos para essa aventura, batia de porta em porta na casa dos vizinhos convidando as crianças para aula, e como incentivo, ainda preparava pipoca feita com o milho colhido da roça do meu avô. Dessa forma, eu garantia que eles estivessem presentes e, assim, aconteciam os momentos de alegria e gargalhadas, pois ali eu estava fazendo o que eu até hoje faço com excelência e muito amor. Não possuía condição nenhuma, tudo era muito difícil, e minha mãe trabalhava varrendo as ruas da cidade para poder ajudar meu avô na despesa, e eu sempre confiante e determinada de que um dia tudo aquilo mudaria, tinha sonhos gigantes e sempre falava para minha mãe que um dia eu me tornaria uma professora formada, uma grande profissional da educação e que aquela fase ruim passaria. Sempre, dentro de mim, tive a certeza de que construiria uma vida mais tranquila, em que não precisasse passar por tantas dificuldades para viver, e assim continuei em busca de construir meus sonhos, e não era só um, mas muitos outros. Enfrentei muitos desafios, tentaram me destruir, tentaram me fazer desistir, e, por alguns instantes, pensei em jogar tudo para cima.

Só que, sempre que eu olhava para trás, me vinham as memórias de como foi para chegar onde estou hoje, minha infância não foi legal, pois não fui criada pelo meu pai: quando ele se separou de minha mãe, eu tinha cinco anos de idade e, assim, minha mãe voltou para casa do pai dela, então ele nos criou com todo seu amor e proteção. Esse homem chamava-se

Antero Januário (em memória) e faleceu aos 98 anos no dia 21 de março de 2019. Sempre dedicou sua vida na roça para que não faltasse nada para nossa família (eu e meus irmãos, José Alves e Jucicleide, e também minha mãe). E, dentro desse resumo, aprendi que a paz deve ser plantada inicialmente em nossos lares, porque é por meio dela que construímos a nossa trajetória de vida.

Tive meu primeiro livro de história aos 13 anos, e até hoje tenho ele guardado em minha biblioteca; esse livro traz-me grandes registros afetivos paternais. Eu sempre amei os livros, a escola, sempre fui elogiada pelos meus professores, pois eu os via como mágicos. Minha primeira professora foi inspiradora. Chamava-se Toinha. Ela me ensinou que ser professor vai além da lousa, além da sala de aula, e assim fui traçando meu amor pela profissão.

Sempre estudei em escola pública e isso me fez refletir sobre uma educação em que se transmite um olhar de paz sobre as relações de convivência na escola e fora dela.

Em minha trajetória de vida profissional e educacional, meu olhar sempre foi voltado para uma educação transformadora, que busca paz tanto no social como no socioemocional, trabalhando com um público diverso do adulto até as crianças pequenas, venho buscando dentro das minhas pesquisas de estudo diálogos e planejamentos de como introduzir da melhor forma possível uma educação para a paz dentro das escolas.

O que é educação socioemocional?

A educação socioemocional é um processo de ensino e aprendizagem que visa à aquisição de conhecimentos que vão para além do aspecto cognitivo. Em outro pensamento, seu principal objetivo é possibilitar o desenvolvimento de habilidades e competências que ajudam crianças e jovens a gerenciarem seus próprios comportamentos e emoções, a construírem relacionamentos respeitosos e saudáveis no convívio familiar e escolar.

Desse modo, as crianças ou jovens aprendem a traçar e alcançar objetivos positivos, agir de forma autônoma, empática e ética, tomar decisões responsáveis, conviver com as diferenças e, ainda, lidar com situações desafiadoras que porventura possam surgir. De maneira geral, a proposta é, sobretudo, prepará-los para a vida e, assim, eles se tornarem pessoas melhores.

Por que ela é tão importante?

A educação socioemocional abrange as diversas esferas do desenvolvimento humano — físico, cognitivo, social e emocional—, trabalhando os seus aspectos de forma integrada e prática. No entanto, privilegia habilidades que estão relacionadas à autogestão dos comportamentos e emoções que, por sua vez, impactam positivamente sua relação consigo e com o mundo ao seu redor.

Ela estimula o processo de autoconhecimento e, consequentemente, aumenta a capacidade de autocontrole, a autoconfiança, a autonomia, entre outras habilidades intrapessoais. A capacidade de administrar os próprios pensamentos, sentimentos e condutas favorece igualmente os relacionamentos interpessoais, além dos resultados positivos no âmbito comportamental e com aprendizagem socioemocional, tais relacionamentos ainda apresentam melhores desempenhos acadêmicos.

Dessa forma, por onde eu passo, tento introduzir no ser humano essa sensibilidade de que se eu aplico paz eu a recebo de volta no meio social em que estou incluído e dentro da minha jornada pedagógica venho desenvolvendo vários projetos que busquem principalmente dentro da sala de aula esse olhar para a paz, o saber ouvir. Sabemos que sem essa escuta não conseguimos introduzir melhores convivências na sociedade. A paz é muito importante, principalmente quando ela vem apaziguar a violência dentro de um cenário escolar totalmente desigual.

Vivenciei no ano de 2023, em uma escola da periferia da minha cidade, um cenário muito difícil: em nenhum lugar da escola tinha-se paz, eram vários conflitos em todos os setores e, dentro da minha vivência com uma turma na qual eu era professora, busquei várias estratégias e vários desenvolvimentos com dinâmicas voltadas para o socioemocional, trabalhando e vivenciando com eles suas realidades de vidas, buscando sensibilizá-los numa perspectiva de que as crianças entendessem que por meio de uma educação humanizada, cuidando do outro e de si mesmo, no âmbito socioemocional e social, você consegue transformar e sensibilizar pessoas a fazerem coisas boas; o poder da escuta foi muito importante no cenário que eu estava vivenciando com eles naquele ano.

E assim aconteceu, foi um trabalho extraordinário, em que eu mais aprendi do que ensinei, e durante todo o ano letivo fui trabalhando o eu e o outro, tocando as crianças a aprender a amar seu próximo, e comecei a lhes mostrar o poder de Deus em nossas vidas, quando aprendemos a ouvir e ajudar o outro nos tornamos pessoas melhores, assim fui mostrando que por meio de um olhar diferente e com muito amor ao outro a gente consegue mudar o mundo, fui trabalhando *feedback*, rodas de conversas para compreender a realidade de cada um, eles aprenderam a ouvirem os relatos uns dos outros e por esse diálogo houve possibilidades de reflexões para se ter uma boa convivência dentro da sala de aula e fora dela.

Criei o pote da gratidão, para o qual todas as vezes que eles se confrontavam eu parava a aula e dizia: vamos agora pedir desculpa ao colega, escrevendo um bilhete de pedido de desculpa; sempre que alguém fazia alguma coisa, eles escreviam nos pequenos papéis, dobravam e colocavam no pote da gratidão, utilizamos essa dinâmica para agradecer a Deus por tudo e para refletir sobre as ações provocadas por eles, e assim fui trabalhando até o final do ano.

Em minha jornada com eles, foram muitos desafios, palavrões, violência e outras questões. Não vou mentir, pensei que minha pedagogia não funcionava mais (rsrs...).

E foi pensando e refletindo sobre essa pedagogia que busquei introduzir uma educação para a paz. Comecei a parar as aulas para ouvi-los, todas as vezes que acontecia um conflito parávamos para refletir e fazer rodas de conversas com a turma. Fui conhecendo cada um e suas essências.

Dessa forma, consegui desenvolver neles um olhar de paz sobre todos os comportamentos provocados, fui tocando um a um e senti neles uma mudança significativa, de forma que muitos chegaram para mim e disseram "Professora, a gente não vai mais fazer isso", fizeram cartas de gratidão, de pedidos de desculpas e fui ensinando que a vida deve ser vista com um olhar diferente, que devemos sempre carregar a bandeira da paz, não importam as circunstâncias

Sabemos que aprendemos mais com outro do que com nós mesmos, somos gente e gostamos de estar juntos. Ensinei a eles a pedir desculpas, a escrever pedidos de desculpas, assim mostrei para a turma que, dessa forma, podemos criar laços afetivos e o mais importante é que o amor para com o outro.

Eu acredito que todas as escolas deveriam desenvolver esse olhar para uma educação voltada para a paz e procurar introduzi-la principalmente nos colaboradores para que estes não desistam da sua missão e distribuam paz. Muitas vezes, esses colaboradores estão tão cansados que não conseguem nem ter paz interior. Uma frase que costumo usar bastante é esta: "Se eu não estiver bem comigo, como posso ajudar o meu próximo? Para isso acontecer, preciso estar como um copo cheio, transbordando, e assim poder dividir com alguém a paz."

Dessa forma venho ensinando as crianças, os jovens e os adultos, com os quais venho fazendo minha caminhada pedagógica, que devemos plantar boas sementes para termos mais tarde uma excelente colheita. Como preparei a terra, plantei muitas sementes de amor e paz, colhi várias homenagens, pedido de desculpas e várias reflexões sobre seus comportamentos durante o ano letivo, criei neles laços afetivos e mostrei que o amor é essencial para uma educação harmoniosa, e também dentro da comunidade escolar essa mudança aconteceu.

Acredito que, para nós educarmos, precisamos mostrar que o caminho é maravilhoso, que há desafios sim, mas podemos como educador(a) mostrar ao mundo que, sem a escola, não podemos transformar o outro e nem a humanidade, nesse caminho a paz deve ser plantada para uma educação transformadora. Lembrando que Deus é paz! E mostrando para as pessoas que em Deus encontramos paz. Ele nos amou primeiro e nos ensinou que devemos amar ao outro como a nós mesmos.

> SEJA VOCÊ UM SEMEADOR E DISTRIBUA PAZ POR ONDE PASSAR. TRANSFORME VIDAS, PARA QUE ELAS POSSAM LHE RETRIBUIR MAIS À FRENTE.

LUZIA CASSIANO

MAIANA OLIVEIRA

Olá! Eu me chamo Maiana e vou contar para você, leitor(a), onde encontrei a resposta para o sentido em educar e, claro, sobre o amor que tenho pela Educação. Sou pedagoga especialista em Educação Infantil e Anos Iniciais, psicopedagoga clínica e institucional, gestora de projetos e escritora, atuando em minha cidade natal, a conhecida "Terra da Neve", São Joaquim/SC.

Sou professora pela rede municipal de ensino e também pela rede estadual, atuando como psicopedagoga no Espaço Superação, um sonho que vem se construindo. O amor pela educação vem de berço: minha mãe, educadora há mais de vinte anos, ensinou-me o que é trabalhar por amor sem pretensão de reconhecimento, buscando todas as estratégias para atingir os seus alunos. Então, quer me conhecer melhor?

Acompanhe-me nas redes sociais.

psicopedagogamaiana

mah_po029

+55 (49) 99126-9003

+55 (49) 99162-9845

maya.oliveira66@gmail.com

Além da LOUSA

16

APRENDIZADO AO LONGO DA VIDA

POR MAIANA OLIVEIRA

Durante a trajetória de atuação do professor, muitas vezes, ele se questiona se realmente está trabalhando no que ama fazer e, pelas adversidades do dia a dia, pensa em desistir.

Comigo não foi diferente, tive a experiência de trabalhar com a Educação Infantil, na qual vivenciei muitas experiências negativas por parte de negligência dos responsáveis, também anos finais, em que os alunos não tinham responsabilidade com a escola, posteriormente atuei como segunda professora por alguns anos, quando me apaixonei pela investigação de diagnósticos e estratégias de ensino, mas não me adaptei com a falta de estrutura das escolas para o atendimento desses alunos, que irão morar eternamente em meu coração; simultaneamente trabalhei com Ensino Fundamental I, que foi onde encontrei minha verdadeira paixão, amo muito trabalhar com anos iniciais, que são as turmas que me questionam, interagem com as aulas e me instigam a promover aulas cada vez melhores. Mas quando achei que já havia vivenciado todas as experiências possíveis no mundo educacional, surge a oportunidade de alfabetizar jovens e adultos, de início fiquei um pouco assustada, trabalhar com uma turma multisseriada e com adultos, que já trazem uma bagagem de suas vivências - e estas devem ser respeitadas e principalmente valorizadas -, deixou-me um tanto receosa sobre a minha adaptação à modalidade.

Apesar de ter terminado o meu Ensino Médio no EJA (Educação de Jovens e Adultos), estar do outro lado era totalmente diferente. Fiquei muito feliz em ter a oportunidade de retribuir o que a instituição fez por mim, pois havia parado de estudar com quinze anos para ter a minha filha e, como morava no interior, onde não havia escolas de Ensino Médio, não pude terminar os estudos na idade correta; logo que voltei para a cidade, iniciei na escola por incentivo dos meus pais e auxílio da minha mãe, que atuava como assistente técnica pedagógica na época no EJA; sempre fui muito bem recebida por toda a equipe pedagógica, tive professores que marcaram a minha vida e se tornaram exemplos; serei eternamente grata pela oportunidade que recebi, pois em outras instituições provavelmente não aceitariam que minha filha me acompanhasse, o que me levaria a desistir. Em um ano e meio, recebi o certificado do Ensino Médio, e que felicidade por ter a minha primeira conquista!

Posteriormente, com o estímulo de meus professores e família, realizei as provas de vestibular, cursando Pedagogia e atuando na área até os dias de hoje, mas não fazia ideia de como a educação poderia mudar a minha vida e que um dia retornaria ao EJA como professora.

Iniciei as atividades com muita expectativa e me deparei com um mundo de possibilidades totalmente novo, em que temos uma sala de aula silenciosa e com alunos que têm muita vontade em aprender, são pais e mães de família que trabalham o dia todo e ainda se propõem a ir para a escola principalmente para ter novas oportunidades de emprego e renda. Nesse contexto o corpo docente mais aprende do que ensina, pois a persistência de cada aluno com suas histórias e dificuldades é admirável e digna de reconhecimento e cuidado.

Quando me apresentei à minha primeira turma do EJA, recordo-me de ter sido objeto de certo julgamento por parte de alguns dos alunos, os quais pareciam julgar minha capacidade devido à minha aparência "jovem". Isso se deve ao fato de que a maioria dos alunos pertencia a uma faixa etária mais avançada, entre cinquenta e oitenta anos. O primeiro dia de aula foi marcado por uma dinâmica totalmente diferente da habitual, permeada por trocas de ideias e uma valorização da experiência de vida, muitos dos alunos, embora não possuíssem diplomas formais, apresentavam um conhecimento substancial, superando muitos daqueles que detêm tais documentos. Fiquei especialmente impressionada com casos em que os alunos se deslocavam de áreas remotas para frequentar a escola e isso me levou a compreender que minha abordagem pedagógica precisaria ser adaptada, uma vez que o plano predefinido não se mostrava eficaz diante da diversidade de situações encontradas. Alguns alunos chegavam sem histórico escolar, enquanto outros apresentavam registros que não refletiam adequadamente seu nível de conhecimento.

Minha dinâmica de trabalho, que era adaptada à defasagem dos alunos, passou a ser literalmente individual, com muitos materiais concretos de fácil assimilação sem avaliações explícitas e com foco principal em Português e Matemática, pois reduzimos o conteúdo anual em seis meses, então o discente aprende o que realmente é importante do período escolar em que se encontra.

O papel do professor é primordial para o sucesso de seus educandos, pois eles estão frequentando a escola de forma espontânea, almejando melhorar suas vidas; o ambiente escolar deve ser acolhedor, buscando sempre envolver o cotidiano desse aluno em suas aulas, tornando-as atrativas e eficientes. A motivação precisa ser assunto frequente nas aulas, para que o cansaço diário não os deixe desanimar; recordo-me que tive uma aluna que demorou bastante para ser alfabetizada, ela não se sentia capaz de desenvolver tal habilidade, menosprezando seus avanços e achando que jamais iria aprender; mantê-la frequentando as aulas não foi tarefa fácil, mas com o auxílio dos próprios colegas ela persistiu, conseguindo ler e escrever antes de voltar para sua cidade natal, em outro estado, suas palavras de gratidão por não ter desistido dela estarão sempre presentes em minha memória.

Dentre as muitas experiências dentro da instituição, algumas como essa que acabei de contar marcaram a minha história como educadora. Tive também a honra de alfabetizar duas alunas com setenta e oito anos e oitenta anos, que contagiavam a turma, pelo esforço e a vontade de aprender, vinham de bairros distantes a pé, o que me mostrava como a escola e as minhas aulas eram valorizadas, inovar nas dinâmicas desenvolvidas passou a ser item obrigatório, motivando assim os demais alunos por conta da idade já avançada. Também lecionei para alunos que voltaram a estudar para tirar a tão sonhada carteira de motorista, algo tão simples para a maioria das pessoas e para eles um sonho que parecia ainda muito distante. Algumas vezes, durante o ano, recebíamos alunos na instituição que possuíam em seu histórico escolar uma série avançada, mas não eram alfabetizados e para obterem esse reforço, eu os recebia em minha turma, onde os avanços eram significativos e o momento de despedida era doloroso, pois já estavam habituados com o ambiente os colegas e os professores, formando laços fraternos que se estenderam para além da escola, onde um se preocupa com o outro e, mesmo depois da saída da nossa turma, continuam em contato.

Foi muito gratificante poder formar os discentes que encerravam o Ensino Fundamental I e inexplicável saber que contribui para o avanço escolar deles e para o seu futuro promissor.

Conforme fui recebendo alunos novos em minha sala, sempre me apresentava contando a minha história, principalmente falando sobre a minha formação no EJA, dando a eles o meu exemplo, e mostrando que é possível sim mudar a vida pela educação. Entendi que isso mudava a visão deles sobre o mundo educacional e os estimulava a persistir, então essa ideia não poderia ficar só dentro da minha sala de aula, foi assim que comecei a palestrar para as demais turmas, levando esse incentivo a todos os discentes da instituição, tendo resultados muito positivos, e melhorias na taxa de evasão.

Surgiu, assim, a ideia de criar o projeto Além da Lousa, que, inspirado no livro *Além da lousa – vol. 1*, tem como objetivo trabalhar com os alunos a valorização da escola e de suas histórias de superação, buscando entrosar os discentes e futuramente publicar essas histórias.

O projeto conta com ciclo de palestras motivacionais de ex-alunos e profissionais, atividades integrativas como a produção de sua história de vida e o compartilhamento com a turma, o concurso de melhor redação com premiação por categoria, a pesquisa de acontecimentos relevantes sobre a instituição e seu nome, entrevista dos funcionários mais antigos, também contamos com atividades da escola do futuro, a identificação dos pontos positivos e negativos, visita nas dependências da escola e a aplicação de estratégias como construção de maquete, painéis, frases entre outros recursos. É importante ressaltar que o apoio da gestão é primordial para o desenvolvimento e sucesso do projeto.

Durante esse período, convivi com dois tipos distintos de gestão e pude perceber que além do papel protagonista que o professor exerce, o do gestor é ainda mais importante, já que a modalidade é distinta dentro do mundo educacional e necessita de um olhar diferenciado. Para quem não atua ou atuou dentro das dependências da EJA, é difícil mensurar as peculiaridades que ocorrem no decorrer do ano letivo, manter os discentes frequentes e compreender o dia a dia de cada um deles é auxiliar na conquista do diploma, entendendo suas angústias, cansaços e problemas. Por esse motivo o sistema educacional nem sempre pode ser levado ao pé da letra, pois se assim for, teremos muitos alunos desamparados, que irão evadir por falta de apoio, entendendo assim que a EJA é a sua última opção e que sem ela talvez não possa mudar o rumo da sua história. Nessa perspectiva, o gestor precisa seguir as normas, mas com cautela e flexibilidade, pois sem esse tato humano não é possível manter os alunos já adultos dentro da escola.

Foi assim que me redescobri como educadora, pois é único e gratificante ensinar crianças, mas realizar sonhos de adultos que não tiveram a oportunidade de estudar na idade correta é esplêndido, por isso digo a você, leitor(a), se você é educador(a), procure essa experiência, que além de enriquecer o seu profissional vai mudar a forma de ver a sua profissão.

Em todas as carreiras procuramos entender qual é a diferença que fazemos na vida das pessoas, temos consciência da importância da nossa profissão para o desenvolvimento da sociedade, mas vivenciar e sentir isso realmente é algo complexo, que só aconteceu quando conheci o EJA, foi assim que encontrei o verdadeiro sentido em educar, transcendendo tudo aquilo que já havia sido vivenciado em escolas do ensino regular, dando-me consciência de como os profissionais da educação podem mudar vidas.

> É ÚNICO E GRATIFICANTE ENSINAR CRIANÇAS, MAS REALIZAR SONHOS DE ADULTOS QUE NÃO TIVERAM A OPORTUNIDADE DE ESTUDAR NA IDADE CERTA É ESPLÊNDIDO.

MAIANA OLIVEIRA

PAULA FAGUNDES

Sou Paula Fagundes, natural de Minas Gerais, resido em Contagem/MG com minha família: Douglas, meu esposo, e Bernardo, meu querido filho. Tenho a alegria de ser filha de Altamir e Marisa.

Sou pedagoga, Master Trainer educacional. Atuo na área educacional há quase 12 anos.

Em 2020 iniciei uma importante parceria com minha irmã Fernanda Fagundes, levando formação para educadores, famílias, crianças e adolescentes com foco na formação de pessoas.

Estou em uma busca constante de formações e pesquisas nas áreas de Educação Emocional, Educação Sexual e Prevenção ao Abuso Sexual.

Tenho um grande compromisso com a construção de uma sociedade mais consciente e desejo impactar positivamente a vida das pessoas.

irmas_coach

+55 (31) 97533-1183

irmascoach@gmail.com

Além da LOUSA

17

A IMPORTÂNCIA DA EDUCAÇÃO SEXUAL NA ESCOLA

POR PAULA FAGUNDES

Entender a importância da educação sexual nas escolas tem sido um grande desafio. Tenho observado um número grande de profissionais da Educação que tem receio em colocar em pauta esse tão importante tema nas reuniões de pais, em formações de educadores, para evitar "problemas".

Posso contar a você que também já estive desse lado enquanto coordenadora pedagógica, evitando falar de educação sexual, por não ter conhecimento e formação que me preparasse para esse universo.

O primeiro ponto que descobri foi que eu não sabia realmente o que era Educação Sexual.

Achava que ao falar desse assunto estaria estimulando a prática sexual.

Fui ter consciência da necessidade de preparar, orientar educadores, famílias, crianças e adolescentes sobre essa temática após atuar em espaços escolares e não escolares com oficinas socioemocionais para crianças e adolescentes, ouvindo pais em momentos de palestras e formações; acolhendo as dores de professores e gestores em formações continuadas.

E foi aí que entendi a grande dificuldade de as escolas prepararem e orientarem estudantes, educadores e famílias.

Faltava clareza do que é e como falar de Educação Sexual.

Busquei a leitura e pesquisa de vários autores sobre o assunto. Convido você também a fazer isso para se apropriar dessa temática.

> A sexualidade forma parte integral da personalidade de cada um. É uma necessidade básica e um aspecto do ser humano que não pode ser separado dos outros aspectos da vida. Sexualidade não é sinônimo de coito e não se limita à presença ou não do orgasmo. Sexualidade é muito mais do que isso, é a energia que motiva a encontrar o amor, o contato e a intimidade e se expressa na forma de sentir, na forma de as pessoas tocarem e serem tocadas. A sexualidade influencia pensamentos, sentimentos, ações e interações e tanto a saúde física como a mental. Se a saúde é um direito humano fundamental, a saúde sexual também deveria ser considerada como um direito humano básico (OMS, 1975 *apud* Egypto, 2003, p. 15-16).

Percebe como o conceito é amplo? Ao entendê-lo passamos a ter respaldo para introduzir esse importante tema nos espaços escolares.

O primeiro passo para levarmos a temática ao espaço escolar é pensarmos em uma ação que envolva família, educadores, estudantes, ou seja, toda a comunidade escolar.

É essencial também que os gestores escolares promovam a formação continuada dos educadores, oferecendo cursos e capacitações sobre educação sexual, para que eles possam abordar o tema de forma adequada, atualizada e responsável.

A participação dos familiares é fundamental nesse processo, para que eles possam ser parceiros da escola na promoção da formação sexual, por meio de diálogos e orientações em casa.

Na educação formal temos documentos norteadores importantes que garantem a implantação de projetos de formação sexual desde a infância.

Podemos começar com a Base Nacional Curricular Comum (BNCC), que nos dá essa abertura para trabalharmos a partir dos temas transversais de forma a contribuir para a formação de cidadãos conscientes, respeitosos e responsáveis.

A escola deve levar em consideração a faixa etária, os princípios éticos e a diversidade cultural dos estudantes, além de ser desenvolvida de acordo com as diretrizes e conteúdos estabelecidos pelos sistemas de ensino.

Devemos nos lembrar também, na hora de construirmos o Projeto Político Pedagógico (PPP), estruturar como acontecerá a implementação da Formação Sexual no espaço escolar. Um aspecto importante é envolver toda a comunidade escolar na elaboração desse documento.

Logo, é urgente e necessário pensarmos em ações e estratégias para ampliarmos a formação de toda a comunidade escolar.

A ausência de espaços de formação sexual no ambiente educacional traz consequências sérias e preocupantes para estudantes, educadores e famílias.

Você já parou para pensar sobre isso?

Para os estudantes, a falta de conhecimento sobre educação sexual leva a comportamentos não condizentes com as necessidades da escola. Isso pode causar conflitos e problemas de convivência com os colegas. Além disso, crianças e adolescentes que não são educados sobre o assunto não sabem lidar com suas próprias emoções, tendo dificuldade em compreender e expressar seus sentimentos de maneira saudável e respeitosa.

Já os educadores, sem a devida formação em educação sexual, sentem-se despreparados para abordar o tema em sala de aula. Eles enfrentam dificuldades em planejar aulas, atividades e projetos que garantam a formação sexual dos estudantes de maneira adequada e abrangente. Isso resulta em um ensino deficiente e fragmentado, que não atende às necessidades dos estudantes.

A falta de orientação para os educadores também dificulta o diálogo aberto e construtivo sobre sexualidade e impede a promoção do respeito e da igualdade entre os indivíduos.

Por fim, as famílias também sofrem com a falta de orientação sobre como abordar a educação sexual desde a infância. Muitos pais sentem-se perdidos ao ter que falar sobre temas considerados tabus, e isso acaba gerando medo, silêncio e insegurança nas famílias.

A falta de orientação adequada contribui para o aumento do nível de violência e abuso sexual, uma vez que as crianças e adolescentes não têm conhecimento suficiente para identificar e denunciar situações de perigo.

Em suma, a ausência de espaços de formação sexual no ambiente educacional tem consequências negativas significativas. É fundamental investir na capacitação dos educadores, promover o diálogo aberto sobre sexualidade em sala de aula e fornecer orientações para as famílias, a fim de garantir uma formação sexual adequada e saudável para os estudantes.

Então, quais seriam os benefícios para a vida do estudante quando começamos a prepará-los desde a infância sobre a educação sexual?

Vamos listar alguns.

1. Desenvolvimento de relações interpessoais saudáveis: o espaço escolar ajuda a desenvolver habilidades de comunicação, empatia e respeito mútuo nas relações interpessoais. Isso contribui para o desenvolvimento de relacionamentos afetivos saudáveis e a prevenção de situações de violência e abuso.

2. Avaliar riscos e consequências, definir limites pessoais, expressar seus sentimentos, negociar e comunicar-se de forma clara e assertiva. Essas habilidades são fundamentais para um relacionamento saudável e consentido.

3. Melhora do bem-estar emocional: A educação sexual também aborda questões emocionais e afetivas, ensinando sobre o amor-próprio, o respeito pelos outros, os sentimentos de autoestima e a resolução de conflitos. Esses aspectos são fundamentais para o bem-estar emocional dos estudantes e para a construção de relacionamentos saudáveis no futuro.

4. Preparação para a vida adulta: fornecendo conhecimentos e habilidades essenciais para uma sexualidade responsável e segura. Isso inclui respeitar as escolhas dos outros, reconhecer e denunciar abusos e violências sexuais.

Acima atentei-me aos principais, mas os benefícios são inúmeros.

Pais e educadores, após uma formação adequada sobre educação sexual, também passam a ter uma série de ganhos, que incluem:

1. Melhor compreensão sobre a importância da educação sexual na vida das crianças e adolescentes, reconhecendo-a como uma parte essencial do desenvolvimento saudável.

2. Maior conhecimento sobre os diferentes aspectos da sexualidade humana.

3. Capacidade de transmitir informações precisas e adequadas sobre sexualidade de forma clara e objetiva, atendendo às necessidades de cada faixa etária e nível de desenvolvimento.

4. Habilidade para lidar com situações delicadas ou difíceis envolvendo a sexualidade, como dúvidas, curiosidades, medos, *bullying*, abuso sexual, entre outros, promovendo uma abordagem acolhedora e empática.

5. Fortalecimento dos vínculos entre educadores e pais com seus alunos/filhos, pois a educação sexual é uma oportunidade para estabelecer um ambiente de confiança, abertura e diálogo, permitindo que sintam à vontade para buscar informações e compartilhar suas experiências.

6. A formação adequada também promove reflexão sobre diferentes perspectivas e ajuda a desenvolver habilidades de escuta, negociação e resolução de conflitos.

Agora que já sabe desses benefícios, o que acha de começar a preparar suas ações para proporcionar a formação sexual em sua escola?

Há diversas formas de iniciar esse diálogo. Geralmente gosto de criar um espaço de acolhida com a comunidade escolar para estreitarmos como daremos início às ações.

Você já tem argumentos importantes para apresentar.

Pode usar os benefícios acima e montar sua apresentação para a gestão da sua escola, caso ainda não possuam ações de formação sexual, se for um gestor apresentar para sua equipe.

Torne esse momento agradável, acolhedor. Escute com atenção cada profissional.

Você pode usar uma dinâmica simples para explicar o que é educação sexual, como por exemplo, pedir que os participantes escrevam em pequenos papéis o que eles acham que é educação sexual e depois compartilhar suas ideias em grupo. Isso permitirá uma troca de informações e perspectivas, além de ajudar a esclarecer eventuais dúvidas ou concepções errôneas.

Não se esqueça de registrar os aprendizados desse encontro e criar um plano de ação claro, com metas específicas e prazos para implementação. Mantenha um ambiente acolhedor e respeitoso durante todo o processo e esteja aberto ao *feedback* e sugestões de todos que estiverem presentes.

Não termine esse encontro sem estabelecer as novas ações. Pense em estratégias que possam ser implementadas em diferentes espaços e momentos na escola, como aulas, projetos extracurriculares e reuniões com os pais.

Ao preparar suas ações, lembre-se de envolver toda a comunidade escolar, incluindo professores, funcionários e pais, para garantir a abrangência e a efetividade do programa.

Juntos, vocês podem criar um ambiente escolar mais saudável e seguro para todos os alunos.

(Referências bibliográficas ao final do livro.)

> A FORMAÇÃO SEXUAL NA ESCOLA SE FAZ EM PARCERIA COM: FAMÍLIA, EDUCADORES E ESTUDANTES.
>
> PAULA FAGUNDES

PRISCILLA C. PAVANELLI

Sou Priscilla Collalto Pavanelli, paulistana entusiasmada com o desenvolvimento infantil, a complexidade da mente e das relações interpessoais. Como esposa do Flávio e mãe de Lucas, Enzo e Beatriz, encontro no amor familiar a inspiração para minha prática em Psicopedagogia, Psicanálise e Terapia de casais. Minha vivência em educação especial, somada à minha experiência educacional há mais de 20 anos, reforça meu compromisso com uma educação que valoriza a inclusão e a individualidade. A maternidade e meu casamento são motivações diárias que me ensinam a ter a sensibilidade necessária para entender as relações humanas, desafiando-me a buscar uma compreensão mais profunda do ser humano e dentro da clínica ver a transformação e o crescimento dos meus pacientes.

psi.pricollaltopavanelli

amarparaeducar

+55 (15) 99185-4250

Psi. Pri Pavanelli

atendimento@amarparaeducar.com.br

Além da LOUSA

18

APRENDIZAGEM INTERDISCIPLINAR NA INCLUSÃO

POR PRISCILLA C. PAVANELLI

O que é inclusão?

Envolver algo ou alguém como parte de um todo; implica em não deixar de fora garantindo a participação adequada de alguém em determinado contexto.

O objetivo deste capítulo é contextualizar o "incluir" focado na vida educacional, o que compreendemos por inclusão escolar.

"A interdisciplinaridade se diferencia pela intensidade das trocas entre os especialistas, pelo grau de integração disciplinar, pela integração conceitual e metodológica" (Japiassú, 1976, p. 74).

Aprendizagem interdisciplinar na inclusão escolar

Para aprendermos o que é inclusão escolar e quais seus objetivos, temos que nos conscientizar que ela jamais acontecerá sozinha e que precisamos conhecer quais estratégias, recursos, técnicas, abordagens e profissionais serão essenciais para fazer acontecer. Um dos pontos essenciais é compreender a importância da equipe multiprofissional e da aprendizagem interdisciplinar.

A aprendizagem interdisciplinar é uma abordagem enriquecedora e talvez a que mais seja capaz de contribuir para a inclusão escolar, pois ao integrar diferentes profissionais, diversas áreas e disciplinas estamos unindo forças, conhecimentos e mais oportunidades para esses alunos.

Ao romper as barreiras entre disciplinas, a aprendizagem interdisciplinar cria um ambiente educacional em que se amplia o leque de possibilidades, considerando a diversidade de habilidades, estilos de aprendizado e necessidades dos alunos. A escola, que tem em seu currículo escolar projetos interdisciplinares, permite-se conhecer cada aluno individualmente reconhecendo que cada um aprende de um jeito.

Nesse contexto, a abordagem interdisciplinar torna-se uma ferramenta dinâmica ampliando a união e a colaboração entre profissionais, tirando os alunos daquele ensino extremamente tradicional, seja no formato da disposição das carteiras, seja na forma de explanar o conteúdo.

Temos que nos lembrar que a ideia de ensinar não se limita apenas à transferência de conhecimento das disciplinas escolares, mas também em promover o desenvolvimento de habilidades sociais, emocionais e cognitivas, que são fundamentais para um desenvolvimento pleno dos alunos no processo educacional. A interdisciplinarização nesse ângulo facilita às escolas alcançarem uma educação integral, focando no desenvolvimento biopsicossocial desses alunos.

Um exemplo prático de como a aprendizagem interdisciplinar pode funcionar no ambiente escolar é a integração entre Ciências e Matemática: os alunos podem explorar conceitos matemáticos aplicados a experimentos científicos; e a união de disciplinas como Tecnologia da Informação e Educação Física pode proporcionar uma combinação inovadora, pois os alunos podem desenvolver projetos que envolvam a criação de aplicativos para promover a atividade física de forma a incluir alunos com deficiência física e intelectual, incentivando a integração de habilidades tecnológicas e práticas saudáveis. Essa abordagem não apenas torna o aprendizado mais envolvente, como também prepara os alunos para lidar com desafios do mundo real que exijam habilidades multidisciplinares.

Essa interdisciplinaridade não apenas prepara os alunos para as demandas do século XXI, como também fomenta a criatividade e a resolução de problemas em um contexto abrangente, usando temas atuais e visando essa diversidade que encontrarão no mercado de trabalho.

Da integração de competências ao planejamento conjunto de currículo

A colaboração entre professores de diferentes disciplinas precisa ser um espaço onde possam trocar experiências, desenvolver conhecimento gerando novas possibilidades de atuação.

Da união e planejamento

Profissionais de diversas áreas devem unir esforços no planejamento do currículo, garantindo que os objetivos de aprendizado abranjam não apenas conteúdos acadêmicos, como em todas as áreas da vida dos alunos, lembrando que somos seres biopsicossociais. Uma concepção que reconhece a complexidade da natureza humana, integrando três dimensões principais: biológica, psicológica e social. Isso significa que a saúde, o comportamento e o desenvolvimento de um indivíduo são influenciados por fatores biológicos (como genética e saúde física), psicológicos (como emoções e pensamentos) e sociais (como cultura, ambiente e interações sociais).

Da troca de experiências as estratégias personalizadas

Na criação e elaboração desse planejamento, é importante uma troca contínua de experiências e uma comunicação aberta entre profissionais. Essa parceria precisa ser unificada e contínua, permitindo uma compreensão mais profunda do que cada um, dentro da sua vivência no âmbito escolar e capacidade, possa contribuir para alcançar os objetivos educacionais, focando nas estratégias de ensino.

Do envolvimento dos pais e família

A colaboração nessa construção interdisciplinar estende-se à inserção dos pais nesse processo, pois precisamos reconhecer a importância da parceria entre a escola e a família. Incluir os responsáveis no processo de aprendizagem interdisciplinar é crucial, pois eles trazem perspectivas valiosas sobre as necessidades específicas dos seus filhos, bem como *insights* sobre seu ambiente familiar, pois, como sabemos, o núcleo familiar atua diretamente no emocional, comportamental e na aprendizagem dos alunos.

Da formação contínua à atualização do conhecimento

Os profissionais devem participar de *workshops*, conferências educacionais e formações contínuas incentivando uma mentalidade colaborativa e a atualização constante sobre práticas inclusivas. Muito se fala hoje da importância da elaboração do Plano de Ensino Individualizado (PEI), porém falta aos professores treinamento e compreensão real de como fazer, aplicar e da sua importância nesse processo. Cabe à escola trazer aos educadores e equipe escolar em geral treinamento sobre os perfis e diagnósticos dos alunos de inclusão. Todos os envolvidos devem conhecer as abordagens de apoio, manejos e cuidado necessários.

O psicopedagogo como facilitador da aprendizagem interdisciplinar

A interseção entre aprendizagem interdisciplinar e inclusão nos leva a entender quanto apoio é necessário nesse processo, não podemos nos esquecer da importância do psicopedagogo nesse cenário. Ele é, sem dúvida, essencial. É este o profissional que está habilitado para direcionar e orientar os profissionais da escola para que possam lidar com os desafios enfrentados. O psicopedagogo é o profissional que estuda e conhece tudo sobre o neurodesenvolvimento, que se refere ao processo de crescimento e mudanças no sistema nervoso desde a concepção até a vida adulta.

O psicopedagogo desempenha um papel fundamental na identificação de necessidades individuais por meio de avaliações diagnósticas abrangentes.

A avaliação é feita fora da escola por meio de aplicações de testes, avaliações e observações criteriosas. Durante esse processo é fundamental o contato direto entre escola e família.

Lembremos que, quando falamos da construção de um plano de ensino individualizado, não é receita de bolo, pois dois alunos, mesmo com laudos e diagnósticos semelhantes, não são iguais. Essas dificuldades podem ser sensoriais, cognitivas, comportamentais ou emocionais. Por isso a importância da parceria e cooperação de todos os profissionais: psicólogos, fonoaudiólogos, terapeutas ocupacionais e fisioterapeutas, pois cada um destes irá contribuir dentro da sua área para um planejamento mais completo. O psicopedagogo, então, atua como mediador entre as disciplinas e os profissionais, conscientizando a escola sobre a verdadeira inclusão, para que o aluno não seja prejudicado em seu aprendizado e avaliação, facilitando a adaptação de conteúdos e a inclusão efetivamente aconteça.

Desafios na implementação de uma aprendizagem interdisciplinar

Nestes 20 anos na área da educação, quero compartilhar os principais desafios enfrentados e vividos por mim na implementação de práticas interdisciplinares e inclusivas nas escolas. Entre eles, estão:

1. Barreiras de comunicação: dificuldades na comunicação entre profissionais de diferentes áreas que prejudicam a colaboração eficaz, resultando em falta de integração nas estratégias pedagógicas.

2. Falta de formação interdisciplinar: a ausência de treinamento específico para abordagens interdisciplinares que limitam a compreensão e a implementação adequada dessas práticas, especialmente por parte dos educadores.

3. Estrutura e organização escolar: a rigidez na estrutura e organização escolar são um enorme desafio, impedindo a flexibilidade e real suporte aos alunos que necessitam.

4. Avaliação e mensuração do progresso: a ausência na adaptação de métodos de avaliação que considerem a diversidade de habilidades, estilos de aprendizagem e dificuldades, dificultando a mensuração eficaz do progresso dos alunos. Muitas instituições escolares focadas na ideia de que prova é o único e absoluto método de avaliar um aluno.

5. Falta de recursos: a escassez de recursos, como materiais didáticos adaptados e suporte adicional, pode impactar a eficácia das práticas interdisciplinares na inclusão, limitando a capacidade de atender às necessidades individuais dos alunos.

6. Resistência à mudança: a resistência por parte de alguns educadores, pais ou mesmo estudantes pode ser um desafio, já que a implementação de práticas interdisciplinares, muitas vezes, envolve uma mudança na abordagem tradicional de ensino.

Superar esses desafios requer um comprometimento contínuo com a formação, apoio e adaptação das práticas, promovendo uma cultura escolar que valorize a diversidade e a colaboração entre disciplinas.

Em última análise, a aprendizagem interdisciplinar na inclusão escolar não apenas promove um ambiente educacional mais equitativo, mas também prepara os alunos para enfrentar os desafios da sociedade de maneira mais abrangente e inclusiva.

(Referências bibliográficas ao final do livro.)

A VERDADEIRA INCLUSÃO VAI ALÉM DAS SALAS DE AULA; ELA FLORESCE NO CORAÇÃO DAS FAMÍLIAS E NOS ESPAÇOS ONDE MENTES SE ENCONTRAM E SE CURAM.

PRISCILLA C. PAVANELLI

RAFAELA FERREIRA

Rafaela Nunes Ferreira, autora, arquiteta e urbanista, pedagoga, hoteleira, pós-graduada em Gestão Empresarial e Lean Manufacturing, capacitação em Liderança, Finanças, Desenvolvimento Pessoal, Formação em PNL Sistêmica e Hipnose Ericksoniana. Prof.ª de História da Arte e Geometria Descritiva do Ensino Médio, atua como gestora educacional.

Sócia proprietária da empresa 25Segundos Desenvolvimento e Treinamentos, criadora da metodologia exclusiva Método S.E.M.E.A.R., com sua sócia, a pedagoga Maria Cláudia Guimarães Lopes. É palestrante e terapeuta sistêmica e analista comportamental em Eneagrama.

rafaelaferreira25segundos

Rafaela25segundos

Rafaelaferreira25segundos

www.25segundos.com.br

Além da LOUSA

19

EDUCAÇÃO PARA A EMPATIA

POR RAFAELA FERREIRA

Vou começar contando uma história:

Um antropólogo que estudava os usos e costumes de uma tribo africana propôs uma brincadeira inofensiva às crianças. Encheu um pote com doces e guloseimas e colocou-o debaixo de uma árvore. Depois, chamou as crianças e combinou que quando desse o sinal, elas correriam para o pote e a que chegasse primeiro ficava com todos os doces que estavam lá dentro.

As crianças posicionaram-se na linha de partida que ele desenhou no chão e esperaram pelo sinal combinado. Quando deu o sinal, todas as crianças deram as mãos e começaram a correr em direção à árvore onde estava o pote. Quando lá chegaram, distribuíram os doces entre si e começaram a comê-los.

O antropólogo foi ter com as crianças e perguntou por que razão tinham ido todos juntos quando, o primeiro a chegar, ficaria com tudo que havia no pote e, assim, comeria muito mais doces.

As crianças responderam: "Ubuntu, tio. Como poderia um de nós ficar feliz se todos os outros estivessem tristes?"

Ele ficou desconcertado! Meses e meses a trabalhar, estudando a tribo, e não tinha compreendido, de verdade, a essência daquele povo. Ou jamais teria proposto a competição...

Ubuntu significa: ***"Eu sou quem sou, porque somos todos nós!"***

Ubuntu é uma antiga palavra africana que na cultura Zulu e Xhosa significa "sou quem sou porque somos todos nós". É uma filosofia que consiste em acreditar que cooperando se consegue a harmonia, já que se consegue a felicidade de todos.

Para educarmos para a empatia, ou para uma educação empática, precisamos desenvolver as bases do Ubuntu, que são:

1- LEALDADE

A lealdade é a virtude que nos permite estabelecer verdadeiros laços de amizade e evolução com os seres que amamos. É a virtude que nos ensina a sermos fiéis aos nossos princípios, honrando nossas crenças e escolhas, agindo com total confiança nos valores que escolhemos manifestar.

Uma pessoa leal alegra-se quando a empresa ou sua família ou colega é bem-sucedido, defendendo seus valores e contra críticas, tomando medidas concretas diante de qualquer ameaça, tem orgulho de fazer parte da família, da empresa e fala positivamente sobre ela.

Lealdade não quer dizer necessariamente fazer o que a pessoa ou organização à qual você quer ser fiel quer que você faça, não é sinônimo de obediência cega. Lealdade significa fazer críticas construtivas, mas as manter dentro do âmbito da organização ou da família, agindo com a convicção de que seu comportamento vai promover os legítimos interesses do todo. Assim, ser leal às vezes pode significar a recusa em fazer algo que você acha que poderá prejudicar o todo, prejudicar o outro, a família.

No Reino Unido, por exemplo, essa ideia é expressa pelo termo "Oposição Leal a Sua Majestade". Em outras palavras, é perfeitamente possível ser leal a Sua Majestade – e, mesmo assim, fazer parte da oposição. Do mesmo modo, é possível ser leal a uma organização ou a uma equipe mesmo que você discorde dos métodos usados para se alcançar determinados objetivos. Na verdade, seria desleal deixar de expressar o sentimento de que algo está errado, se é isso que você sente.

A lealdade é o cumprimento daquilo que exigem as leis da fidelidade e da honra, é uma virtude que se desenvolve conscientemente e que implica cumprir com um compromisso, ainda que seja perante circunstâncias constantemente em mudança ou adversas. Trata-se de uma obrigação que se tem para com o próximo.

2- HUMILDADE

O profissional precisa ter humildade suficiente para admitir que não é o dono da verdade e que o bom senso e a inteligência são propriedade de um grande número de pessoas.

Representa a autoanálise para: reconhecer melhor suas limitações, buscando a colaboração de outros profissionais mais capazes, se houver essa necessidade, dispor-se a aprender coisas novas, numa busca constante de aperfeiçoamento.

Humildade é qualidade que precisa de melhor interpretação, dada a sua importância, pois muitos a confundem com submissão, dependência.

A humildade não é depreciação de si mesmo, não é ignorância com relação ao que somos, mas ao contrário, tem-se conhecimento exato do que não somos. Apresenta-se com humildade, sem que a vaidade se manifeste.

São falsas *humildades*: aqueles que se rebaixam ante os outros querendo parecer humilde, porém estão cheios de ressentimentos, inveja ou ambição. Outra falsa humildade é não reconhecer ou não acreditar em seu real valor e se sentir inferior, pode até possuir humildade, porém se inferioriza a tal ponto ante seus semelhantes, sentindo grande sofrimento em seu interior, acreditando que o outro ser não respeita a sua dignidade.

Ter humildade não significa ser servil, não é sinônimo de fraqueza, pode-se ser humilde sem se depreciar ou reconhecer os valores de cada um.

Mas, a verdadeira humildade é aquela pela qual o homem tem consciência e possui uma convicção do que ele é, da sua capacidade, da sua força ou da sua fraqueza, compreende a sua inferioridade, reconhece seus limites mas não sofre por isso, esforça-se e trabalha para ser melhor e procura constantemente seu aperfeiçoamento físico, emocional, moral e espiritual.

Ser humilde é saber ir até o ponto de não interferir nos outros, ser humilde é a virtude dos sábios e o alicerce da sabedoria.

3- RESPEITO

Qualidade que ajuda muito um profissional, porque é bem aceito pelos que dele dependem, em termos de trabalho, facilitando a aproximação e o diálogo, tão importante no relacionamento profissional.

O respeito é uma atitude que favorece que as relações interpessoais sejam adequadas e satisfatórias, além disso, o respeito é a atitude necessária para conviver sem conflitos, aceitando as diferenças entre as pessoas.

Respeitar é colocar distância diante da visão diferente de outra pessoa. O respeito, portanto, ajuda-nos a não julgar alguém pela sua escolha ou opinião.

Respeitar é considerar a outra pessoa nas suas diferenças individuais, não esperando que esta seja de outra forma, que opine ou que se comporte de forma diferente a como essa pessoa é.

Respeitar é perceber que cada pessoa tem direito de escolher ser quem ela realmente é, na sua forma de pensar, de opinar, de sentir, de agir e inclusive nos seus gostos e preferências de vida.

Portanto, se cada pessoa tem o direito de ser quem ela decidir ser, ninguém mais tem o direito de opinar, nem de decidir sobre a outra pessoa.

O respeito expressa-se quando não se julga a outra pessoa pela sua visão, decisão, comportamento ou forma de vida.

A pessoa não é censurada nem recriminada por ser como é e também não se espera que ela seja de outra forma.

Portanto, respeitar é a maior amostra de que aceitamos a outra pessoa na sua individualidade, na sua totalidade como a pessoa que é, não como gostaríamos que ela fosse.

O respeito mostra-se por meio da atitude, isto é, com uma postura comunicativa que mostra que sabemos, aceitamos e respeitamos a outra pessoa como ela é, mesmo que talvez não estejamos de acordo com suas decisões, opiniões ou comportamentos.

4- EMPATIA

É a habilidade de se colocar no lugar dos outros, se identificar com as pessoas e com os sentimentos delas. Não é dó ou pena – esses são sentimentos condescendentes – e também não é exatamente amor, simpatia ou carinho, que exigem um laço emocional com a pessoa.

Empatia é tentar se livrar dos julgamentos e verdadeiramente entender pelo que o outro está passando, independentemente de quem seja. É algo que fazemos por escolha própria e, para ser sincera, não é fácil. É mais do que saber o que falar, porque, na verdade, muitas vezes nem existe o que dizer.

Empatia é a capacidade de se conectar com o outro.

"Trate as pessoas como você gostaria de ser tratado." Todo mundo já ouviu isso alguma vez, mas esse é um conselho meio torto. Claro que a gente não gosta de ser maltratado e claro que não é legal maltratar os outros, isso é óbvio.

O ponto é que cada pessoa é única, pois tem suas próprias experiências, traumas e sonhos. A outra pessoa é uma outra pessoa, e a gente não pode ser a medida dos sentimentos dos outros. Quando usamos nós mesmos como parâmetro e pensamos nas nossas vontades, no jeito que gostaríamos de sermos tratados, ignoramos a existência do outro. Pode acontecer de esquecermos como a outra pessoa deveria ser tratada, respeitando quem ela realmente é.

Tratar os outros como a gente gostaria de ser tratado não é empatia, é uma atitude superpositiva na maior parte das vezes, mas empatia é tentar ir um pouco além, desprender-se de você e tentar pensar no outro.

Duas são as situações e atitudes geradoras de empatia. A primeira atitude é da pessoa que se coloca no lugar da outra. A segunda atitude empática é a da pessoa que estimula a outra a se colocar em seu lugar. No primeiro caso predomina a capacidade de entender e no segundo a capacidade de se fazer entender. As duas são igualmente importantes.

A empatia é revolucionária!

Roman Krznaric é um filósofo e autor do livro *O Poder da Empatia* (2015), em que ele explica melhor como funciona esse sentimento. Para ele, a empatia pode ser dividida em dois tipos: empatia cognitiva, que é a capacidade de adotar o ponto de vista da outra pessoa; e empatia afetiva, que é quando a gente consegue compartilhar as emoções do outro. Ambas são poderosas e, para Roman, até mesmo revolucionárias. Parece exagero? Se pensarmos que a incapacidade de se colocar na perspectiva dos outros e entender diferentes experiências e sentimentos é a essência de preconceitos e outros conflitos sociais...então que aprendamos a praticar a empatia.

A empatia realmente tem um potencial transformador. O quanto você é verdadeiramente empático?

Para refletir: "Eu só existo porque nós existimos."

EU SOU QUEM SOU,
PORQUE SOMOS
TODOS NÓS!

RAFAELA FERREIRA

RODRIGO BARBOSA

Sou Rodrigo Barbosa, vivo em São Paulo/SP cercado pela minha família e amigos, que me inspiram e apoiam na paixão pela evolução do ser humano e processos educativos, comprometido em promover mudanças significativas nas áreas da saúde mental, comportamento humano e qualidade de vida.

Sou psicólogo, neuropsicopedagogo, palestrante e coordenador na Escola da Inteligência. Tenho levado ao longo da vida estratégias de saúde mental pelo Brasil, atuando por meio da terapia cognitivo-comportamental e psicologia positiva.

Desbravando o país, pude superar desafios inimagináveis, colocando à prova técnicas para promoção da saúde mental, assim possibilitando uma melhor qualidade de vida e processo de autoconhecimento.

rbs.psicologo

Rodrigo Barbosa

rodrigo.psico@outlook.com

Além da LOUSA

20

NAVEGANDO NOS MARES DA VIDA E DA SAÚDE MENTAL

POR RODRIGO BARBOSA

Convido você para uma viagem ao mundo do comportamento humano e da saúde mental, viagem esta em que adorarei ser seu guia, criando memórias referentes à saúde mental da população e, se analisarmos a nação brasileira, aproximadamente 52% da população preocupa-se cada vez mais com o assunto em questão no seu dia a dia, de forma preventiva e corretiva.

O que é saúde mental?

> Segundo a OMS, a saúde mental é observada como bem-estar do indivíduo, este sendo capaz de utilizar suas próprias habilidades para o processo de recuperação do estresse diário, manter sua produtividade e contribuir de forma ativa com a sociedade (Brasil, 2024, *on-line*).

Dessa forma, entendemos que a saúde mental não é sinônimo de ausência de doença, mas sim como cada um de nós conseguimos, por meio das habilidades e competências socioemocionais, conviver diariamente em um mundo repleto de adversidades, diversidades, dificuldades e felicidades, é importante ressaltar que o ser humano é uma espécie relacional, assim seus comportamentos têm total interferência em como esse ser atua no mundo, na sociedade em que vive, tal como essa sociedade também pode direcionar formas de pensar, crenças e comportamentos.

Para isso, gostaria que neste momento você se imaginasse como um capitão ou capitã em um navio em alto-mar. Para tal função, o que se faz necessário para guiar esse navio (que iremos chamar de vida) nesse mar (que podemos denominar de mundo)? Será que o mar sempre está calmo? Ou será que possui momentos de agitação? Afinal, como diz o bom e velho ditado, "mar calmo não forma bom marinheiro". Para estarmos no comando da nossa vida, faz-se necessário entender o processo vivido até o alcance da consciência plena, e para tal o único caminho é a educação, o aprender cada passo dado e cada etapa de desenvolvimento, o processo de conhecemos como lidar com as nossas emoções e nossa mente.

Se pensarmos que o marinheiro equivale à nossa primeira infância, o quanto se faz necessário o processo de educação cognitivo e emocional! Ao alfabetizarmos emocionalmente uma criança estamos lhe dando a possibilidade de comunicar ao mundo o que ela sente e nesse momento o papel da sociedade (família e professores) é principalmente o **acolhimento** sem julgamentos, pois quando mostramos para uma criança que está tudo bem ela sentir raiva, medo, alegria, estamos auxiliando no desenvolvimento da sua autoestima e autoaceitação. Se analisarmos que a geração predominante é a do "engole o choro" e essa mesma geração é a que apresenta um aumento de casos de ansiedade e depressão, causados pela falta de reconhecimento e demonstração das emoções, já começamos a entender que a saúde mental tem ligação direta com a educação e precisa cada vez mais ser entendida como método preventivo, assim atuando na informação e desenvolvimento.

Passando para a segunda infância, podemos comparar com o cabo da marinha, que possui um pouco mais de autonomia e atividades mais manuais e sempre com supervisão. Nessa etapa, a criança já consegue identificar as emoções primárias como alegria, medo, raiva, tristeza, aversão e surpresa e pelo meio social e de indicação de pessoas com uma maior maturidade emocional, consegue buscar técnicas de enfrentamento para tais emoções, por exemplo, uma criança pode se sentir triste por não ter ganhado, e essa ação da criança que os adultos podem interpretar como algo normal no enfrentamento das emoções, para ela é uma tarefa de grande complexidade. Assim, uma estratégia de enfrentamento que é o acolhimento, buscando entender ou cessar essa emoção. E, mais uma vez, aqui entendemos o processo educativo que se faz necessário: ajudar essa criança a desenvolver um repertório cultural e criar memórias, para assim, quando ocorrer um caso parecido, ela mesma vai se lembrar do ocorrido, pois toda situação que possui uma carga emocional é preservada junto ao sistema límbico, criando dessa maneira uma memória de referência.

No entanto, dessa fase até a adolescência, temos que ter cautela, pois você se lembra de que o meio interfere no desenvolvimento do ser? Pois então, desse momento até o fim das nossas existências, necessitamos ficar atentos ao excesso de informações, pois, muitas vezes, para ocupar o dia das crianças, elas efetuam diversas atividades e funções, adquirindo um número gigantesco de informações, algumas vezes, quase nada didáticas. Já os momentos de ócio permitem descobrir novas coisas a se fazer por meio do desenvolvimento da criatividade, pensamento crítico das crianças e também no processo de assimilação dos conteúdos, e isso também acontece com os adultos.

Nesse momento, podemos pensar na próxima fase, a adolescência, imaginando eles como sargentos do navio: já tem responsabilidades para a navegação, possuem autonomia para comandar determinadas áreas, porém reportando ainda para o capitão. É nessa fase que o desenvolvimento do córtex pré-frontal fica ainda em mais evidência, estando relacionado com o raciocínio social e com a tomada de decisões, nesse momento o mar começa a mostrar adversidades, fazendo com que tomem decisões, em alguns momentos por impulso, em outros de forma mais analítica, baseados em suas experiências. Essas decisões podem ser pautadas em estímulos externos ou internos e necessitamos, mais uma vez, tomar muito cuidado com o excesso de informações ou, como falado pelo físico espanhol Alfons Cornellá em 1996, a infoxicação, que corresponde à intoxicação por informações, causando assim a dispersão, ansiedade e depressão, tornando indispensável a educação por meio de técnicas da metacognição e de aprendizagem do pensamento científico, crítico e criativo, inclusive citado como habilidades socioemocionais na Base Nacional Comum Curricular (BNCC) (INEP, 2024; Kwiecinski; Bertagnolli; Villarroel, 2020). Quando falamos do desenvolvimento desses pensamentos é justamente a verificação de fontes confiáveis, como em alguns momentos aprendemos no processo de ensino as bibliografias e fontes com embasamentos científicos, assim analisamos a situação com *expertise*, adquirindo o repertório cultural necessário para a sobrevivência.

Entendemos dessa forma o papel do capitão do navio chamado vida, que no decorrer de todo seu desenvolvimento passou pelas diversas patentes aprendendo boa parte do funcionamento do navio, porém isto não anula o fato de que em alguns momentos os processos de aprendizagem falharam, ou será que foram assertivos para aquele exato momento, isto nunca saberemos quando se trata do desenvolvimento emocional e principalmente de quando falamos da saúde mental, pois existem inúmeros fatores que podem interferir no decorrer dos anos. Aqui analisamos um pequeno recorte da vida, mas nesse mesmo mar existem inúmeros navios, ou seja, inúmeras pessoas, essas podendo ter passado por algum processo de desenvolvimento conflituoso, ou até mesmo por questões muito pessoais terem "pulado" etapas, assim ocasionando interferências na nossa navegação, por esse motivo entendemos que vivemos em um mundo volátil, ou seja, de mudanças constantes.

Fazendo um pequeno parêntese no desenvolvimento humano ao longo das gerações, a geração X (1965-1980) existiu em um mundo em que o sonho da maioria era ter sua casa própria, seu carro, sua carreira. Se analisarmos atualmente a geração Z (1995-2010), esta possui sonhos diferentes, encontra-se mais preocupada em realizações não concretas, como conhecer o mundo, buscar experiências, observa-se até a diminuição das famílias, é uma geração mais conectada à informação, mais rápida, por esse motivo, as decisões acabam se tornando um pouco mais difíceis, devido à infinidade de variáveis e possibilidades, impactando diretamente no processo educacional e na saúde mental.

"Não há nada mais terrível que a Ignorância"(Goethe,1749-1832). Será que a ignorância é algo terrível? Ficamos com o questionamento se é um problema ou uma dádiva em nossas vidas, pois por alguns momentos podemos imaginar que a ignorância, ou seja, a ausência de informações pode ser vista como algo positivo, pois vivemos com base na psicoadaptação, que são os processos automáticos do nosso dia a dia, e, quando recebemos uma nova informação, nos forçamos a pensar, e assim muitos se escondem nessas simples futilidades, como redes sociais, até mesmo por detrás de perfis ocultos, para assim demonstrarem seus pensamentos sem senso crítico, de forma despreparada. Porém, em determinado momento, essa pessoa identificará como está vivendo perante a sociedade e, relembrando o conceito da OMS, o estresse que é uma resposta do organismo a situações adversas chegará, pois não temos o controle de tudo, logo se entendermos a importância de nos educarmos e sermos educados emocionalmente desde a mais terna infância, perceberemos o desejo e o anseio que temos por informações saudáveis, informações essas que nos alimentam e nos fazem pensar cada vez mais de uma forma diferente, adquirindo assim uma visão ampla do mundo, desenvolvendo a empatia, o apreço pela diversidade e pelas culturas, diminuindo o preconceito e consequentemente aumentando a nossa qualidade de vida, diretamente interligada à nossa saúde mental.

Com isto chegamos ao ponto crucial da nossa navegação, a necessidade de entender que para uma boa saúde mental é preciso desmistificar que educação é somente recebimento de informações, mas sim, por meio dos tutores que aparecem em nossos caminhos e nossos professores, o desenvolvimento de pensamento crítico, as experiências individuais e coletivas, os acertos e erros, é o processo educativo, de modo que estamos atentos a ele juntamente com o nosso desenvolvimento. Destaca-se a importância primária do processo de ensino-aprendizagem para o fortalecimento de quem somos perante a sociedade, sendo que este não se faz sozinho, apesar de sermos seres únicos, essa construção é um conjunto de todas as experiências que vivenciamos sozinhos ou com aqueles que nos acompanham em parte de nossas vidas.

(Referências bibliográficas ao final do livro.)

> PARA ESTARMOS NO COMANDO DA NOSSA VIDA, FAZ-SE NECESSÁRIO ENTENDER O PROCESSO VIVIDO ATÉ O ALCANCE DA CONSCIÊNCIA PLENA.
>
> RODRIGO BARBOSA

VANDA VALENTE

Sou Vanda, empreendedora desde meus sete anos, apaixonada por conectar pessoas e resolver problemas. Sou muito espontânea e boa de conversa. Sinto alegria em compartilhar minhas experiências. Casada com Luiz Francisco, temos duas filhas maravilhosas, que me enchem de orgulho.

Adoro ler e aprender sobre tudo. Nos últimos anos tenho me dedicado a adquirir conhecimentos sobre esse mundo fascinante da *internet* e suas tecnologias.

Em 2020, iniciei uma nova carreira, sou mentora de Negócios e especialista em Educação Financeira. Como muitos, lamento não ter aprendido antes.

Compreendi que, tal como a educação regular, a educação financeira é essencial porque possibilita liberdade e, por isso, tenho satisfação em ensinar a todos que desejam viver melhor.

gestoradeescola

+55 (24) 99963-9908

Além da LOUSA

21

EDUCAÇÃO FINANCEIRA PARA FUTURAS GERAÇÕES

POR VANDA VALENTE

O ano de 2020 vai ficar na memória de milhões de pessoas pelo mundo todo, na minha e na sua também! Como empresária há 40 anos, vivi diversos planos de estabilização financeira e, portanto, presenciei "quebradeiras" de pequenas e médias empresas ao meu redor, mas nada da magnitude que atingiu as escolas e seus clientes.

De profissionais liberais bem-sucedidos a pessoas bem mais humildes, os pais dos alunos, em grande número, ficaram inadimplentes e sem condição de comprar um crédito para o celular e ligarem para fazerem uma renegociação!

Todos os dias eu atendia pais desesperados relatando que, como nunca pensaram em ter uma reserva de segurança, não estavam conseguindo se manter financeiramente desde o primeiro mês que não puderam trabalhar ou tiveram redução de renda.

Esse fato me chocou muito, pois venho de uma família bastante humilde e minha mãe, apesar da baixa escolaridade, era muito precavida e nos ensinou desde cedo a termos uma economia para dias difíceis.

Entre tantos motivos, esse desespero geral foi decisivo para que me decidisse a estudar Educação Financeira e buscar compreender por que profissionais bem formados, experientes, tinham o uso inconsciente e não responsável com o dinheiro!

Na verdade, era uma relação extremamente conflituosa e desproporcional.

A virada de chave para compreender o comportamento das pessoas e o meu próprio, foi aprender que dinheiro não é somente dinheiro, ele é antes de tudo emoção!

E a emoção é resultado de como cada um de nós individualmente processa, entende e assimila fatos, a partir das nossas experiências em família durante nossa infância. Por consequência, essas vivências e memórias - às vezes inconscientes - formam nossa mentalidade sobre merecimento, trabalho, mudanças, sorte, azar, tempo, aprendizado, pobreza e riqueza, por toda a nossa vida.

Mas como mudar?

O caminho para nos libertarmos da mentalidade que nos aprisiona é a consciência, que vem com a oportunidade de aprendermos sobre emoção e dinheiro.

Mas por onde iniciarmos nosso aprendizado, nossa mudança de *mindset* se nossos pais, parentes, amigos, membros da igreja, colegas de trabalho, enfim, todos que nos rodeiam, também estão aprisionados na mesma mentalidade, sendo estimulados incansavelmente a consumirem, com uma promessa subliminar de que isso trará felicidade?

Com essa pergunta em mente, mergulhei nos estudos da minha especialização, mas também ampliei meu olhar para outras fontes e documentos cuja pequena parte venho dividir com vocês para nossa reflexão.

Vejamos algumas das nossas crenças que nos impedem de mudar.

Culturalmente somos um povo que se sente mal em ter ambição, a própria palavra trás para muitos uma conotação negativa, classificando em nossa mente pessoas ricas como ambiciosas, egoístas e más.

Sem pararmos para analisar, simplesmente porque nos acostumamos a ouvir essa associação de ideias, abraçamos essa crença e, ainda que inconscientemente, ninguém quer ser apontado como uma pessoa má, portanto, escolhemos não ter ambição e sermos vistos como boas pessoas!

Em algumas denominações evangélicas, o dinheiro está associado ao pecado e à perdição, no entanto, do livro de Gênesis ao Apocalipse, a Bíblia tem mais de 2.3 mil versículos que tratam sobre dinheiro e administração financeira de maneira positiva. Então por que não ouvimos sermões que nos estimulem a ter uma vida financeira próspera? Cultura do nosso país.

"E a todo o homem, a quem Deus deu riquezas e bens, e lhe deu poder para delas comer e tomar a sua porção, e gozar do seu trabalho, isto é dom de Deus" (Eclesiastes 5:19).

Mas não é exclusividade do Brasil e do povo brasileiro esse tipo de pensamento, aliado à falta de amplo e fácil acesso à educação financeira, muitos países vivem o mesmo cenário, porém não é interessante para o equilíbrio das nações mundiais que essa ignorância financeira persista, pois a desigualdade e a miséria podem se tornar estopim para conflitos de toda espécie.

Conquistar conhecimento sobre educação financeira vai além de uma decisão individual, é também uma decisão estratégica para os países. Assim, em 2015, a ONU, da qual o Brasil e mais 188 países fazem parte, propôs uma nova agenda de desenvolvimento sustentável para os próximos 15 anos. Trata-se da Agenda 2030, composta pelos 17 Objetivos de Desenvolvimento Sustentável (ODS).

"Os objetivos envolvem assegurar os direitos humanos, acabar com a pobreza, combater a desigualdade, lutar em favor da igualdade de gênero e justiça, agir contra as mudanças climáticas [...]" (ONU Brasil, 2024).

No Brasil, o Banco Central foi encarregado de desenvolver na dimensão da Educação um programa educacional que recebeu o nome de Aprender Valor, cujo objetivo é o de levar educação financeira para estudantes, professores e gestores das escolas públicas, sob o tripé planejamento financeiro, poupança – não o produto - e crédito responsável. Toda escola pública pode aderir ao programa na plataforma.

Também a BNCC, alinhada com os mesmos objetivos, incorporou a educação financeira como um dos temas transversais, ou seja, que devem ser trabalhados de forma integrada com as disciplinas tradicionais como matemática, ciências, história, entre outros, visando garantir que nossas crianças e adolescentes desenvolvam as competências e habilidades necessárias para lidar com o dinheiro de forma consciente e responsável.

Com o objetivo de preparar, formar professores da educação básica, por meio de uma plataforma EaD, para a missão de ensinar educação financeira nas escolas, foi celebrado um Acordo de Cooperação Técnica entre a Comissão de Valores Mobiliários e o Ministério da Educação.

No entanto, no momento em que escrevo, pouco se avançou. Há ainda muita resistência dos professores em se capacitar para o ensino desse conteúdo, uma vez que a mentalidade dos professores em sala é a da maioria dos brasileiros comuns e eles, na sua realidade financeira, convivem regularmente com um percentual alarmante de endividamento, estimulado pelo acesso ao crédito facilitado por terem vínculo trabalhista com órgãos públicos.

A resistência é agravada por baixos salários, desvalorização dos professores, precarização da profissão, infraestrutura ruim de muitas escolas públicas, ausência de materiais de apoio, violência e falta de reconhecimento do profissional.

Como mais um obstáculo, muitos docentes acreditam que educação financeira tem como pré-requisito o domínio da matemática e de planilhas complexas, o que os desmotivam a avançarem nesse caminho.

Dentre outros requisitos da minha formação como educadora financeira, é necessário fazermos um número de atendimentos gratuitos. Esses atendimentos recebiam o nome de Foco Na Solução e foi o que me propus a entregar nos atendimentos gratuitos. De forma muito rápida, realmente, as pessoas começavam a ver que elas podiam mudar seu relacionamento com o dinheiro a partir do momento em que entendiam os gatilhos que as levavam a consumirem além das suas possibilidades, que era possível ter um futuro mais tranquilo, vivendo dentro das suas possibilidades atuais e investindo pequenas quantias todos os meses, pensando no médio e longo prazo.

Nas palestras para estudantes de Ensino Médio pude constatar que apesar do acesso 24 horas a informações por meio dos seus celulares, ainda chegava muito pouco conteúdo até eles sobre educação financeira. Ao final da palestra propunha sempre que, além de seguirem os *youtubers* de sua preferência, também seguissem educadores financeiros confiáveis que poderiam acrescentar mais conhecimento além do nosso encontro em sala de aula.

Alguns professores, durante a palestra, ficam em sala de aula acompanhando seus alunos e, ao final, eles também pedem orientação sobre como sair do endividamento e iniciar no mundo dos investimentos.

Dentre os jovens que participam das palestras, um número muito pequeno decide aprofundar seu processo de educação financeira, mas aqueles que eu acompanhei e ainda acompanho me enchem de alegria por ver como estão progredindo, modificando seu comportamento e de seus familiares.

O mais empolgante é que a mudança não se restringe aos gastos e investimentos financeiros, vão além, incluindo hábitos regulares de leitura, exercício físico, escolhas de ambientes mais saudáveis, confiança em buscar novos conhecimentos profissionais, busca de novas fontes de renda e até aumento da responsabilidade com as tarefas dentro de suas casas.

Presencio na vida desses jovens o efeito de uma pequena pedra lançada no lago que se expande em ondas cada vez mais largas, tocando e inspirando aqueles que os cercam.

Esses jovens me enchem de esperança na mudança e como educadora, torço para que todas as escolas públicas ou privadas, inclusive as de nível superior, tomem a decisão de abraçar o ensino da educação financeira em suas instituições.

Se assim for feito, em pouco tempo teremos uma população com mais inteligência financeira, profissionais com maior saúde mental, famílias bem mais estruturadas e com pais e filhos com maior confiança nas possibilidades que o futuro apresenta!

(Referências bibliográficas ao final do livro.)

> EDUCAÇÃO FINANCEIRA POSSIBILITA TER LIBERDADE, SEGURANÇA E INDEPENDÊNCIA!

VANDA VALENTE

REFERÊNCIAS BIBLIOGRÁFICAS

Aline Teixeira

EXCESSO de telas e seu impacto no desenvolvimento infantil. **Neuro+-Conecta**, [S.I.], [202-]. Disponível em: https://neuroconecta.com.br/excesso-de-telas-e-seu-impacto-no-desenvolvimento-infantil/. Acesso em: 26 fev. 2024.

SUPERPROTEÇÃO: Como Pode Afetar os Filhos na Educação. **Colégio Nobilis**, [S.I.], [202-]. Disponível em: https://colegionobilis.com.br/x/2019/07/04/superprotecao-como-pode-aferar-os-filhos-na-educacao/. Acesso em: 26 fev. 2024.

"TABELA Montessori": tarefas que seu filho pode fazer sozinho e em qual idade. **Escola de Pais do Brasil - Seccional da Grande Florianópolis**, Florianópolis, 17 maio 2022. Disponível em: https://escoladepaisgrandefloripa.org.br/tabela-montessori-tarefas-que-seu-filho-pode-fazer-sozinho-e-em-qual-idade/. Acesso em: 26 fev. 2024.

Débora Aragão

BRASIL. [Constituição (1988)]. **Constituição da República Federativa do Brasil de 1988**. Brasília, DF: Presidência da República, [2024]. Disponível em: https://www.planalto.gov.br/ccivil_03/Constituicao/Constituicao.htm. Acesso em: 12 mar. 2024.

BRASIL. Decreto n. 7.611, de 17 de novembro de 2011. Dispõe sobre a educação especial, o atendimento educacional especializado e dá outras providências. **Diário Oficial da União**, Brasília, DF, 18 nov. 2011. Disponível em: https://www.planalto.gov.br/ccivil_03/_ato2011-2014/2011/decreto/d7611.htm. Acesso em: 12 mar. 2024.

BRASIL. Lei n. 13.146, de 6 de julho de 2015. Institui a Lei Brasileira de Inclusão da Pessoa com Deficiência (Estatuto da Pessoa com Deficiência). **Diário Oficial da União**, Brasília, DF, 7 jul. 2015. Disponível em: https://www.planalto.gov.br/ccivil_03/_ato2015-2018/2015/lei/l13146.htm. Acesso em: 12 mar. 2024.

BRASIL. Ministério da Educação. Secretaria de Educação Especial. **Política Nacional de Educação Especial na Perspectiva da Educação Inclusiva.** [2007]. Disponível em: http://portal.mec.gov.br/seesp/arquivos/pdf/politica.pdf. Acesso em: 12 mar. 2024.

ZERBATO, Vera L. Messias Fialho; CAPELLINI, Ana Paula. **O que é ensino colaborativo?** São Paulo: Edicon, 2019

Evelize Ares

HARRIS, Nadine Burke. **Mal Profundo**: como nosso corpo é afetado pelos traumas de infância e o que fazer para romper este ciclo. Trad. Marina Vargas. 2. ed. Rio de Janeiro: Record, 2023.

NELSEN, Jane. **Disciplina Positiva**. Trad. Bernadette Pereira Rodrigues e Samantha Schreier Susyn. 3. ed. Barueri: Manole, 2015.

PEREIRA, Flavia. Comente aqui MENTORIA para receber o link e fazer parte da nossa rede de apoio que transborda amor! [S.l.], 25 jan. 2024. Instagram: @a.flaviapereira. Disponível em: https://www.instagram.com/reel/C2htCjyOPGm/?igsh=MWNzYjFnNTZ0ejZibA%3D%3D. Acesso em: 16 abr. 2024.

Fabiane Gomes

DUCKWORTH, A. **Garra**: O poder da paixão e da perseverança. Trad. Renata Guerra e Donaldson M. Garschagen. São Paulo: Intrínseca, 2016.

DWECK, C. S. **Mindset**: a nova psicologia do sucesso. Trad. S. Duarte. Rio de Janeiro: Objetiva, 2017.

EIGENMANN, M. **A raiva não educa**: A calma educa. Bauru, SP: Astral Cultural, 2022.

FRANKL, V. E. **Em busca de sentido**: um psicólogo no campo de concentração. Trad. Carlos Cardoso Aveline e Walter O. Schlupp. Petrópolis: Vozes, 1991.

Fellipe Cuin

ARTIGO 29 da Lei nº 9.394 de 20 de Dezembro de 1996. **Jusbrasil**, [S.l.], [1996]. Disponível em: https://www.jusbrasil.com.br/topicos/11691589/artigo-29-da-lei-n-9394-de-20-de-dezembro-de-1996. Acesso em: 14 mar. 2024.

EDUCAÇÃO financeira na BNCC: o que diz o documento? **Amais Educação**, [S.l.], 2 mar. 2022. Disponível em: https://www.amaiseducacao.com.br/educacao-financeira-bncc-o-que-diz-a-base/. Acesso em: 14 mar. 2024.

VASCONCELOS, Heloisa. Reinaldo Domingos: educação financeira deve envolver toda a família. **Diário do Nordeste**, [S.l.], 17 mar. 2022. Disponível em: https://diariodonordeste.verdesmares.com.br/negocios/reinaldo-domingos-educacao-financeira-deve-envolver-toda-a-familia-1.3201511. Acesso em: 14 mar. 2024.

Fernanda Fagundes

KRUG, Etienne G. *et al*. (ed.). **Relatório mundial sobre violência e saúde.** Genebra: Organização Mundial da Saúde, 2002. Disponível em: https://www.cevs.rs.gov.br/upload/arquivos/201706/14142032-relatorio-mundial-sobre-violencia-e-saude.pdf. Acesso em: 13 mar. 2024.

Gerliane Almeida

ARTE-EDUCAÇÃO ESCOLAR. [S. l.: s. n.], 2021. 1 vídeo (5 min 24 s). Publicado pelo canal Pra falar de Arte-Educação. Disponível em: https://www.youtube.com/watch?v=NFiTH21uT7k. Acesso em: 17 mar. 2024.

ARTE na Educação Infantil? Para que serve?. [S. l.: s. n.], 2022. 1 vídeo (47 min). Publicado pelo canal Pra falar de Arte-Educação. Disponível em: https://www.youtube.com/watch?v=01EIT8ICNho. Acesso em: 17 mar. 2024.

BNCC - Seis dimensões do conhecimento para o ensino de Arte. **Instituto Reúna**, [S.l.], [2024]. Disponível em: https://o.institutoreuna.org.br/downloads/primeirospassos/af/arte/percurso_AF_AR_PF4/percurso_AF_AR_PF4_anexo5_seis-dimensoes_.pdf. Acesso em: 17 mar. 2024.

DUARTE JÚNIOR, João-Francisco. **Por que arte-educação?** [livro eletrônico]. Campinas: Papirus, 2019. (Coleção Ágere).

O QUE É CRIATIVIDADE - ARTE VIRAL. [*S. l.: s. n.*], 2020. 1 vídeo (7 min 42 s). Publicado pelo canal ARTE VIRAL. Disponível em: https://www.youtube.com/watch?v=7qVIUquDqqg. Acesso em: 17 mar. 2024.

PEREIRA, Katia Helena. **Como usar artes visuais na sala de aula**. 2. ed. São Paulo: Contexto, 2014. (Coleção Como usar na sala de aula).

Glaucia Roque Rocha Pio

BRASIL. Lei n. 13.005, de 25 de junho de 2014. Aprova o Plano Nacional de Educação - PNE e dá outras providências. **Diário Oficial da União**, Brasília, DF, 26 jun. 2014. Disponível em: https://www.planalto.gov.br/ccivil_03/_ato2011-2014/2014/lei/l13005.htm. Acesso em: 13 mar. 2024.

CENTROS PARA EL CONTROL Y LA PREVENCIÓN DE ENFERMEDADES (CDC). Mayor prevalencia del autismo y alteraciones por el COVID-19. **Transtornos del espectro autista (TEA)**, [S. l.], 22 mar. 2023. Disponível em: https://www.cdc.gov/ncbddd/spanish/autism/features/nuevo-informe-del-trastorno-del-espectro-autista.html. Acesso em: 13 mar. 2024.

FREIRE, Paulo. **Pedagogia da esperança**: Um reencontro com a pedagogia do oprimido. Rio de Janeiro: Paz e Terra, 1992.

MOÇO, Anderson. Espectro autista: entenda por que é um espectro e como é o transtorno. **Vida Saudável**, São Paulo, 7 nov. 2022. Disponível em: https://vidasaudavel.einstein.br/espectro-autista/. Acesso em: 10 mar. 2024.

PEREIRA, Jaquelline de Andrade; SARAIVA, Joseana Maria. Trajetória histórico social da população deficiente: da exclusão à inclusão social. **SER Social**, Brasília, v. 19, n. 40, p. 168-185, jan.-jun./2017. Disponível em: https://periodicos.unb.br/index.php/SER_Social/article/view/14677/12981. Acesso em: 10 mar. 2024.

TODOS pela educação. [2024]. Disponível em: https://todospelaeducacao.org.br/. Acesso em: 10 mar. 2024.

UMA a cada 36 crianças é autista, segundo CDC. **Autismo e Realidade**, [S.l.], 14 abr. 2023. Disponível em: https://autismoerealidade.org.br/2023/04/14/uma-a-cada-36-criancas-e-autista-segundo-cdc/. Acesso em: 13 mar. 2024.

WING, Lorna. Tradução de Fátima Kwant para Autimates - the group. **Facebook**, [S.l.], 2015. Disponível em: https://www.facebook.com/profile/100064673050295/search/?q=lorna%20wing. Acesso em: 13 mar. 2024.

Laís Godoy

FACULDADE DE TECNOLOGIA DE SÃO PAULO (FATECSP). **As gerações e suas formas de aprender**. [Florianópolis]: DOT Digital Group, [2021]. Disponível em: https://www.fatecsp.br/dti/pdf/geracao_z.pdf. Acesso em: 19 mar. 2024.

PRENSKY, Marc. Nativos Digitais, Imigrantes Digitais. **On the Horizon**, Bradford, v. 9, n. 5, p. 2-6, out. 2001.

Luciana Aquino

UNESCO. **Educação para a cidadania global:** preparando alunos para os desafios do século XXI. Brasília: UNESCO, 2015. Disponível em: https://unesdoc.unesco.org/ark:/48223/pf0000234311. Acesso em: 26 mar. 2024.

A CARTA da Terra. **Carta da Terr**a, San José, [s.d.]. Disponível em: https://cartadaterrainternacional.org/leia-a-carta-da-terra/. Acesso em: 26 mar. 2024.

STRECK, Danilo Romeu. **Correntes pedagógicas:** aproximações com a teologia. [S.l.]: Vozes, 1994.

SOCIEDADE VEGETARIANA BRASILEIRA (SVB). **SVB**, São Paulo, 2024. Disponível em: https://svb.org.br/. Acesso em: 26 mar. 2024.

MENEZES, Pedro. Jean Piaget. **Toda Matéria**, [S.l.], [s.d.]. Disponível em: https://www.todamateria.com.br/jean-piaget/. Acesso em: 26 mar. 2024.

Paula Fagundes

EGYPTO, A.C, (Org.) **Orientação Sexual na escola**: Um projeto apaixonante. São Paulo: Cortez, 2003.

Priscilla Collalto

JAPIASSÚ, Hilton. **Interdisciplinaridade e patologia do saber**. Rio de Janeiro: Imago, 1976.

Rafaela Ferreira

KRZNARIC, Roman. **O poder da empatia:** a arte de se colocar no lugar do outro para transformar o mundo. Rio de Janeiro: Zahar, 2015.

Rodrigo Barbosa

BRASIL. Ministério da Saúde. Saúde Mental. **Gov.br**, Brasília, [2024]. Disponível em: https://www.gov.br/saude/pt-br/assuntos/saude-de-a--a-z/s/saude-mental. Acesso em: 13 mar. 2024.

INSTITUTO NACIONAL DE ESTUDOS E PESQUISAS EDUCACIONAIS ANÍSIO TEIXEIRA (INEP). Novas Competências da Base Nacional Comum Curricular (BNCC). **INEP**, Brasília, 2024. Disponível em: http://inep80anos.inep.gov.br/inep80anos/futuro/novas-competencias-da-base-nacional-comum-curricular-bncc/79. Acesso em: 13 mar. 2024.

KWIECINSKI, Anelise Maya; BERTAGNOLLI, Silvia de Castro; VILLARROEL, Márcia Amaral Corrêa Ughini. Infoxicação, políticas públicas e educação. **ScientiaTec**: Revista de Educação, Ciência e Tecnologia do IFRS, [S.l.], v. 7, n. 1, p. 5-17, jun. 2020. Disponível em: https://periodicos.ifrs.edu.br/index.php/ScientiaTec/issue/view/90/37. Acesso em: 13 mar. 2024.

Vanda Valente

ALMEIDA Corrigida Fiel (ACF). Eclesiastes 5. **Bíblia Online**, [s.l.], 2024. Disponível em: https://www.bibliaonline.com.br/acf/ec/5/18-20. Acesso em: 11 mar. 2024.

ONU Brasil. **Sobre o nosso trabalho para alcançar os Objetivos de Desenvolvimento Sustentável no Brasil**. [2024]. Disponível em: https://brasil.un.org/pt-br/sdgs. Acesso em: 12 mar. 2024.

Além da LOUSA

ANOTAÇÕES

ANOTAÇÕES